Grundriß
des
gesamten deutschen Rechtes
in Einzelausgaben
von
Paul Posener.

19. Band.

Deutsche Rechtsgeschichte.

Zweite und dritte Auflage.

Berlin 1909.
J. Guttentag, Verlagsbuchhandlung,
G. m. b. H.

A. W. Hayn's Erben, Potsdam.

Inhaltsverzeichnis.

Seite

1. Abteilung.

Die Rechtsgeschichte.

1. Kapitel.

Die germanische Zeit.

2. Kapitel.

Die fränkische Zeit.

3. Kapitel.

Das Mittelalter.

Abkürzungen.

A = Anfechtungsgesetz.
Abs = Absatz.
ALR = allgemeines Landrecht (Preußen).
Ausf- = Ausführungsgesetz zu . . . . .
B = Bürgerliches Gesetzbuch.
Bn = Binnenschiffahrtsgesetz.
Band = Band des Grundrisses.
C = Strafprozeßordnung.
Cod = Codex.
D = Digesten.
E = Eisenbahnverkehrsordnung.
Einf- = Einführungsgesetz zu . . . . .
F = Reichsgesetz über freiwillige Gerichtsbarkeit.
Fl = Flößereigesetz.
G = Gerichtsverfassungsgesetz.
Gb = Ges. betr. die Gesellschaften mit beschränkter Haftung.
Gn = Genossenschaftsgesetz.
Gr = Grundbuchordnung.
Gw = Gewerbeordnung.
H = Handelsgesetzbuch.
J = Institutionen.
JRA = Jüngster Reichsabschied.
K = Konkursordnung.
KG = Entsch. des Kammergerichtes.
MC = Militärstrafgerichtsordnung.
MS = Militärstrafgesetzbuch.
Nr. = Nummer.
P = Patentgesetz.
Po = Postgesetz.
pr = preußisch.
R = Reichsverfassung.
RG = Entscheidungen des Reichsgerichtes.
RMG = Entscheidungen des Reichsmilitärgerichtes.
ROLG = Rechtsprechung der Oberlandesgerichte.
S = Strafgesetzbuch.
SC = senatus consultum.

sc. = saeculum.
Ssp = Sachsenspiegel.
Swsp = Schwabenspiegel.
U = Urheberrechtsgesetz.
V = Verfassung.
Vl = Verlagsgesetz.
Vv = Versicherungsvertragsgesetz.
vgl. = vergleiche.
W = Wechselordnung.
w. o. = weiter oben.
w. u. = weiter unten.
Z = Zivilprozeßordnung.
Zg = Zwangsversteigerungsgesetz.

Anfragen und Berichtigungen werden an die Adresse der Verlagsbuchhandlung oder direkt an den Verfasser Assessor Dr. iur. Paul Posener in Charlottenburg 2, Bleibtreustraße 18, erbeten.

1. Abteilung.

Die Rechtsgeschichte.

§ 1. **Die Perioden** der deutschen Rechtsgeschichte:

I. Die Urzeit bis zum Beginne der Völkerwanderung, bis 375 n. Chr.

II. Bis zum Vertrage von Verdun, 843.

III. Bis zur Auflösung des Reiches, 1806, und zwar:

1. Entstehung der Landeshoheit, bis zum Ende des Interregnums, 1273.

2. Die Zeit der festeren Entwickelung der Landeshoheit und die Umgestaltung des Reiches in einen Bundesstaat, bis 1648.

3. Die allmähliche Auflösung des Reichsverbandes, bis 1806.

IV. Bis zur Neubegründung des Deutschen Reiches, 1871.

V. Die Gegenwart.

Literatur: Brunner Dtsche Rsgeschichte und Grundzüge; Schroeder Dtsche Rsgeschichte; Lehmann bei Birkmeyer.

1. Kapitel.

Die germanische Zeit.

§ 2. **Die Germanen** zerfallen in Westgermanen (Deutsche) und Ostgermanen (Goten, Vandalen, Skandinavier).

1. Das Wort Germani stammt nicht aus der deutschen Sprache (Germänner), sondern aus der keltischen (Rufer im Streite, Ostleute, Nachbarn).

2. Das Wort Deutsch findet sich nicht eher als unter Heinrich dem Vogler; es ist vom gotischen thsiuda Volk, thsiudisc volkstümlich (im Gegensatze zum Latein der Kirche und Gelehrten) abzuleiten.

Sagenhafte Abstammung der Westgermanen vom Gotte Tuisco und dessen Sohne Mannus, der drei Söhne hat, von denen drei Stämme abstammen: Ingväonen, Istväonen, Hermionen.

3. In Deutschland seßhaft gebliebene Stämme waren die Salfranken, ribuarische Franken, Alamannen, Thüringer, Sachsen, Bayern, Friesen.

Salfranken = Seefranken, von sale Salzwasser; ribuarische Franken = Uferfranken.

Sachsen von sahs Messer, oder Sesshafte.

4. Neugründungen erfolgten im früheren Römerreiche durch die Westgoten, Ostgoten, Vandalen, Angelsachsen, Langobarden, Burgunder.

§ 3. **Stände** der alten Germanen waren Freie, Liten, Knechte. Die Freien haben volles, die Liten halbes, die Knechte gar kein Wergeld.

I. Die Freien zerfallen in Adel und Gemeinfreie.

1. Adel, von adal Geschlecht, Abstammung, ist ein Stand mit Vorrechten (doppeltes Wergeld, größere Ackerlose bei Landteilung und sittliches Anrecht auf den Königsstand).

Brunner, Waitz: Genuss erblicher Vorrechte für die nobiles der taciteischen Zeit sei nicht nachweisbar, nur tatsächlich höheres Ansehen.

Savigny, Eichhorn: besonderer Stand mit erblichen Vorrechten.

2. Gemeinfreie sind diejenigen, welche die Mindeststeuer des Grundbesitzes leisten; sie bilden den Kern des Volkes.

II. Halbfreie (Liten, Laten, Leten, Aldien, Barschalke) entstanden durch freiwillige Unterwerfung; sie sind rechtsfähig, aber durch Geburt zu Diensten verpflichtet, ohne Freizügigkeit.

III. Knechte entstanden durch Unterjochung oder Kriegsgefangenschaft; sie sind rechtlos, eine dem Vieh gleich behandelte Sache. Teils werden sie als Kolonen angesiedelt, teils sind sie Haus- und Hofgesinde.

§ 4. **Die Sippe**, gotisch sibja, ist die Magschaft des einzelnen und der öffentlich-rechtliche Geschlechtsverband.

I. Die Magschaft besteht aus den Vatermagen und den Muttermagen.

1. Schwert- oder Speermagen sind die durch Männer verwandten Männer, mas a mare.

2. Spindel- oder Kunkelmagen sind alle Weiber und die durch Weiber verwandten Männer.

Aktiv berechtigt ist nur der Mann, die Frauen sind Schutzgenossen.

II. Der Geschlechtsverband ist eine Genossenschaft des öffentlichen Rechtes auf vaterrechtlicher Grundlage unter völliger Gleichberechtigung der Sippegenossen. Oberste Norm geben nur die gemeinsamen Beschlüsse; es besteht kein Oberhaupt.

1. Die Sippe hilft mit, den Eid leisten (Geschlechtseid), hat Schutzgewalt über Frauen und Unmündige, deren Schützer (Mann oder Vater) fehlt; ferner Unterhalt verarmter Genossen und Bestattung.

2. Freiwilliger Austritt (Entsippung) ist zugelassen, ebenso Ausschluß durch öffentliche Lossagung. Geschlechtsleite ist die Aufnahme eines Fremden (im nordischen Rechte).

3. Blutsbrüderschaft ist der Bund nicht verwandter Männer; daraus sind die Gilden entstanden.

III. Das Haus hat ein Oberhaupt: den Hausherrn, pater familias; alle Hausgenossen sind unmündig. Munt, Mundium, ist eine rechtlich unbeschränkte Gewalt, jedoch durch Herkommen und Sitte gemildert.

§ 5. **Das System der Volksfreiheit**, welches in der Urzeit bestand, kennt keine einheitliche Nation, sondern nur Stämme. Der Stamm zerfällt in civitates oder Völkerschaften, die civitas in pagi oder Gaue.

I. Landesgemeinde, concilium civitatis, ist die Heeresversammlung, das sitzende Heer; Stimme hat, wer Waffen trägt. Die Versammlung tagt bei Neu- oder Vollmond, anfangs nur einmal jährlich, z. B. bei den Franken (im März), Angelsachsen, Langobarden.

Funktionen des concilium: Entscheidung über Krieg und Frieden; Gerichtshoheit; Beamtenhoheit; Wahlen; schliesslich auch Tauschhandel.

II. Der Völkerschaftsrat ist die Versammlung der principes; er ist lediglich Vorversammlung; nur Besprechung, keine Entscheidung; Erledigung laufender Geschäfte, Vorbereitung wichtiger Sachen.

III. Die principes sind gekorene Obrigkeit, Volksbeamte; die Souveränität ruht bei der Heeresversammlung. Folge des Prinzipates ist Anarchie, für den Krieg wählt daher die Landesgemeinde den Herzog.

1. Das Königtum bestand bei den Westgermanen nicht, hingegen regelmäßig bei den Goten (Ostgermanen). Der König ist nicht souverän, sondern republikanischer Präsident; er wird gewählt nach Maßgabe des Adels. Die Heeresversammlung ist bei der Wahl an die königliche Adelsfamilie, kuning, gebunden. Form: Schilderhebung, dreimal im Ringe herumgetragen, mit den Waffen begrüßt.

2. Der König hat die Banngewalt.

§ 6. Die Herrschaftsformen der Urzeit können auf Gesetz oder Vertrag beruhen.

I. Der Untertanenverband begründet eine Unterordnung des einzelnen, notwendig kraft Rechtssatzes. Pflichten des einzelnen sind die Wehrpflicht, Thingpflicht, Schenkpflicht.

II. Der Gefolgschaftsverband begründet eine Unterordnung des einzelnen, freiwillig kraft Rechtsgeschäftes; er leistet dem Herrn das sacramentum fidelitatis: dem Herrn treu, hold, gewärtig zu sein.

1. Die Pflichten des Mannes sind:

a) Hofdienst im Hause des Herrn, z. B. als Kämmerer, Stallknecht, Hauskerl, Degen, Knappe.

b) Kriegsdienst; in bezug hierauf werden unterschieden: nobiles adulescentuli zur Erziehung; robustiores Recken und Fidler, liberti aufgenommene Unfreie.

2. Die Pflichten des Herrn sind Treupflicht und Lebensgemeinschaft. Wegen letzterer ist die Zahl der Mannen gering gewesen, da der Herr ihnen Wohnung und Nahrung gewähren mußte.

§ 7. Die wirtschaftliche Verfassung der Germanen ist die wandernder Bauern; sie betreiben den Ackerbau nach der Methode der wilden Feldgraswirtschaft; Viehzucht ist die Hauptsache, denn als Nahrung dienen besonders Fleisch, Käse, Milch; Vieh, nicht Land, ist die Grundlage des Vermögens.

1. Zu Cäsars Zeit: Gemeinwirtschaft der Sippe; der Grundbesitz als gemeinsame Kriegsbeute gehört dem Staate, der ihn alljährlich an die Sippen verteilt.

2. Zur Zeit des Tacitus: feste Wohnsitze, daher auch die Hofstätte im Privateigentume; das übrige Land (Weideland, Eichen- und Buchenwald, Alm, Gewässer) steht im Eigentume der Sippe (Markgenossenschaft, Landgemeinde). Dem einzelnen Hausvater wird zu eigener Bestellung ein Stück Land zugeteilt; diese Hufe ist beweglich, wechselt jedes Jahr.

3. Im Gegensatze zu dieser Feldgemeinschaft mit wechselnder Hufenordnung (Dorfschaftssystem) findet sich anfangs vereinzelt Sondereigen (Einödhöfe) auch an Ackerland, nach der Völkerwanderung ist dies allgemein.

2. Kapitel.

Die fränkische Zeit.

§ 8. **Die Gründung des Frankenreiches** erfolgte durch Chlodwig, 481—511.

I. Das Reich wurde 511 geteilt, aber 558 unter Chlotar I. und 613 unter Chlotar II. wieder vereinigt.

Drei Teile: Austrasien, Neustrien, Burgund. An der Spitze eines jeden Teiles stand ein Hausmeier.

II. Pippin der Kleine setzte 751 in Soissons den Merowingerkönig Childerich III. ab und wird 754 von Papst Stephan II. zum patricius ecclesiae Romanae gesalbt.

Durch die Salbung erlangt der König Unverletzlichkeit; denn: du sollst nicht Hand anlegen an den Gesalbten des Herrn.

Ihm folgen seine Söhne, Karl und Karlmann, 768. Seit 771 regiert Karl allein.

III. Karl der Große wird Weihnachten 800 von Papst Leo III. in der Peterskirche zum Kaiser gekrönt.

Der letzte Kaiser, den der Papst krönte, war Karl V. in Bologna, den 24. Februar 1530.

1. Das Deutsche Reich datiert seit Arnulfs Wahl im November 887; letzte Vereinigung des ganzen Frankenreiches war unter Karl dem Dicken 884 gewesen, seine Absetzung 887 zu Tribur.

2. Idee des römischen Weltreiches: der Staat ist Träger des Christentums, er ist eins mit der Kirche.

Fall des Kaisertums durch Vernachlässigung Deutschlands und Kämpfe mit Italien und dem Papste.

IV. Das Lehnswesen ist für das Deutsche Reich charakteristisch, da Land und Amt zu Lehen gegeben wurden.

1. Das Lehnswesen ist nicht entstanden aus der altgermanischen Gefolgschaft, nicht aus der keltischen Klientel, nicht aus dem römischen Kolonat- und Zehntinstitute, nicht aus den merowingischen Schenkungen.

2. Das Lehnswesen ist (nach den Forschungen von Georg Waitz und Paul Roth) entstanden aus der Verbindung der persönlichen Vasallität mit dem dinglichen Benefizialwesen im fränkischen Reiche unter den Söhnen Karl Martells, Karlmann und Pippin, und zwar durch Säkularisation von Kirchengut.

§ 9. **Leges barbarorum**, Volksrechte, sind die Stammesrechte der deutschen Stämme; sie haben sich in der Rechtschöpfung der Volksgerichte und durch Volksgesetze entwickelt.

I. Es gilt das Prinzip der persönlichen Rechte: der einzelne Stammesangehörige lebt überall nach seinen angeborenen Rechten, lex originis.

1. Bei Beteiligung verschiedener Rechte gilt: bei Verträgen und Eheschließung wird jeder Teil nach seinem Rechte beurteilt, das Erbrecht richtet sich nach dem Erblasser, Verteidigung und Strafen nach dem Täter, Buße und Wergeld nach dem Verletzten; indes seit 9. sc. gilt das Strafrecht des Tatortes.

2. Die Frau erwirbt durch Eheschließung das Stammesrecht des Mannes.

In Italien und anderen Gegenden gemischter Bevölkerung geben die Parteien vor Gericht oder beim Vertrage ihr Stammesrecht an: diese professio iuris wird in die Urkunde aufgenommen.

I. Fränkische Rechte.

1. Lex Salica, Stammesrecht der Merowinger, salfränkisch, in lateinischer Sprache, ältestes Volksrecht, vor oder unter Chlodwig entstanden, teilweise unter Benutzung der Gesetze Eurichs.

a) In den älteren Texten: malbergische Glosse, d. h. eingeschobene altfränkische gerichtstechnische Wörter, zum Gebrauche in mallo oder in mallobergo.

b) Vier Redaktoren: Wodogast, Bodogast, Wisogast, Saligast; Bestätigung der lex ist per tres mallos erfolgt.

Vier Familien der lex Salica: die erste mit vier Handschriften in je 65 Titeln, die zweite eine Erweiterung der ersten in ebenfalls 65 Titeln, die dritte 99 Titel westfränkisch, teils mit, teils ohne Glosse, die vierte wegen vieler Verbesserungen lex Salica emendata, ohne Glosse.

2. Lex Ribuaria, Stammesrecht der Karolinger, für ribuarische Franken; nur ein in Karolingerzeit entstandener Text überliefert, um 530.

3. Ewa Chamavorum für die chamavischen Franken im Hamalande an Niederrhein und Yssel; 48 Kapitel, etwa 802 oder 803 niedergeschrieben.

II. Suevische Rechte.

1. Pactus Alamannorum, salfränkische Ausdrücke, in 5 Fragmenten überliefert, nach 600 entstanden. — Lex Alamannorum auf alamannischer Stammesversammlung 717 bis 719 unter Herzog Lantfrid von Schwaben gegeben.

2. Lex Baiuwariorum, der vorigen nachgebildet, auf der Grundlage von Eurichs Gesetzen, entstanden 743 bis 748 unter Herzog Odilo; von Tassilo III zwei Novellen als Anhang, nämlich die dingolfinger und später (771) neuchinger Dekrete.

3. Lex Angliorum et Werinorum, hoc est Thuringorum, unter Benutzung der lex Ribuaria und lex Saxonum 802, entstanden für die Angeln im pagus Engleheim (Unstrutgebiet) und Warnen östlich davon (Werenofeld).

4. Edictus der Langobarden unter Benutzung römischer und westgotischer Quellen 643 von Rothari veröffentlicht. Hinzufügungen von Grimoald, Liutprand, Ratchis, Aistulf.

Concordia de singulis causis: Rechtsbuch des Herzogs und Markgrafen Eberhard von Friaul, Zusammengehöriges 829—832 zusammenstellend. Capitulare Langobardorum um 1000. Aus dem Edictus und Capitulare wird ein Liber Legis Langobardorum oder Liber Papiensis; neue Ausgabe vor 1100 als systematisch geordnete, glossierte Lombarda.

III. Gotische Rechte.

1. Leges Eurici um 475 sind Gesetze des Königs Eurich, 466 bis 484, für die Streitigkeiten der Goten unter einander und für solche der Goten mit den Römern. — Spätere Gesetze von Chindasvind und Reccesvind, Ervig, Egica und Wittiza.

Für die Römer: Breviarium Alaricianum oder lex Romana Visigothorum.

2. Gundobada oder lex Burgundionum, von Gundobad 474 bis 516, für die Streitigkeiten der Burgunden unter einander und für solche der Burgunden mit den Römern. — Spätere Gesetze von Gundobad, Sigismund und Godomar.

Für die Römer: Papianus oder lex Romana Burgundionum.

3. Edictum Theodorici 507, im Ostgotenreiche, galt gemeinsam für Ostgoten und Römer.

IV. Sächsische und verwandte Rechte.

1. Für die Sachsen gab Karl 782 die capitulatio de partibus Saxoniae, also kein Volksrecht; — lex crudelissima.

Capitulare Saxonicum 797 zu Aachen unter Mitwirkung der Sachsen beschlossen. — Lex Saxonum unter Benutzung der lex Ribuaria, auf dem Reichstage zu Aachen 803 beschlossen.

2. Lex Angliorum et Werinorum, hoc est Thuringorum, für die Angeln und Warnen 802.

3. Die lex Frisionum ist eine private Kompilation, kein Gesetz.

Später kommt die additio sapientum, gesammelt von Wulemar und Saxmund, hinzu; in tit. 11 ist eine heidnische Bestimmung enthalten.

4. Die leges Anglo-Saxonicae, 600—1066, sind das einzige Volksrecht in deutscher (angelsächsischer) Sprache.

§ 10. **Die Königsgesetze der Merowinger** heißen edicta; die karolingischen Gesetze: capitularia oder capitula (eine Zusammenfassung, der einzelne Abschnitte heißt capitulum).

I. Man unterscheidet capitula mundana, ecclesiastica, mixta.

II. Die capitula mundana sind:

1. capitula legibus addenda, als Zusätze zu Volksrechten mit Gesetzeskraft erlassen unter Zustimmung des Volkes oder Reichstages; sie schaffen (wie die Volksrechte) personales Recht.

Beispiele: zur Lex Salica 7 capitula Chlodwigs und anderer, besonders die capitula Legi Salicae addita von 820; zur Lex Ribuaria 803 von Karl ein capitulare legi Ribuariae additum; zur Lex Baiuwariorum die capitula ad legem Baiuwariorum addita 801–813.

2. capitula per se scribenda, Territorialrecht bildende Verordnungen, vom Könige nach Beratung mit den Großen erlassen.

3. capitula missorum, werden den missi als Instruktion oder zur Publikation mitgegeben.

Sammlung von Kapitularien Karls und Ludwigs I. 827 durch den Abt Ansegisus von Fontanella, d. i. S. Wandrille in der Diözese Rouen; eine gefälschte Ergänzung im 9. sc. von Benedictus Levita zu Mainz.

II. Die Formelsammlungen haben den Zweck, Formulare für Urkunden zu geben.

Formulae Andecavenses, 7. sc. Angers; formulae Marculfi des Mönchs Markulf für Bischof Landerich von Paris (oder von Meaux), in zwei Teilen: cartae regales und cartae pagenses.

§ 11. **Die Urkunden** sind aus den spätrömischen Urkunden entstanden. Man unterscheidet zwei Arten: Königsurkunden und Privaturkunden.

I. Königsurkunden, diplomata, capitularia, placita und indiculi, sind öffentliche Urkunden, unanfechtbar; sie enthalten einen Befehl des Königs, daher unscheltbar; eine Schelte wäre Hochverrat.

II. Privaturkunden sind cartae und notitiae.

1. Carta ist die Geschäftsurkunde, sie dient zum Abschluß des Rechtsgeschäftes.

2. Notitia ist die schlichte Beweisurkunde; sie ist lediglich Beweismittel.

§ 12. Die Verwaltung beruht auf der Einteilung des Reiches in Grafschaften.

I. An der Spitze der Grafschaft (comitatus, Gau) steht ein königlicher Beamter, comes, grafio, mit militärischer Gewalt und Jurisdiktion; er hat ferner die Polizei- und Finanzverwaltung. Sein Bann beträgt 15 Solidi.

In merovingischer Zeit sind häufig Herzöge über mehrere Grafen gesetzt, aber nicht überall; vereinzelt sind die Herzöge erblich geworden; diese Stammesherzogtümer werden aber von den Karolingern zwecks Zentralisierung beseitigt.

An den Grenzen des Reiches sitzen Markgrafen, deren Gebiet mehrere Grafschaften umfasst, damit die Grenze kräftiger geschützt werde.

1. Die Grafschaft entspricht etwa dem heutigen Regierungsbezirke; sie wird in Hundertschaften, etwa den heutigen Kreisen entsprechend, eingeteilt.

An der Spitze der Hundertschaft steht der Schultheiss, centenarius, ein Unterbeamter des Grafen, bei Gericht sein Gehilfe.

2. Durch Karl den Großen wird das Reich in große Bezirke eingeteilt, für jeden davon werden zwei missi dominici ernannt, ein geistlicher und ein weltlicher; sie üben eine kontrollierende Tätigkeit gegenüber den Grafen aus, als Ersatz der dem Königtume schädlichen Herzöge.

Das Reich zerfällt in missatica, Sprengel der Sendboten oder Königsboten.

II. Die Thronfolge ist erblich im Geschlechte der Merovinger, aber es erfolgt eine Wahl durch das Volk; Frauen sind gemäß lex Salica erbunfähig.

Seit Chlodwig erfolgt nicht mehr die Wahl durch das Volk, sondern durch die Großen. Bei mehreren Erbberechtigten wird die Reichsgewalt geteilt. Seit dem 7. sc. ist das Wahlrecht der Großen und der Hausmeier anerkannt.

Seit Pippin besteht die Herrschaft der Karolinger; das Volk oder die Großen wählen.

Bei den Merovingern sind uneheliche Kinder gleichberechtigt mit ehelichen, bei den Karolingern nicht.

Das Teilungsprinzip zu gleichen Teilen wird durch die ordinatio imperii Ludwigs I 817 umgestossen, aber im Vertrage zu Verdun 843 wiederhergestellt. Geteilt werden die Nutzungen des Reiches (Mutschierung).

III. Der Königsbann zeigt sich in drei Formen:

1. als Verordnungsbann, aber nur in Ergänzung der Volksrechte. Nach dem Edikte Chlotars II. 614 (magna charta libertatum) ist der König für die Gesetzgebung an die Zustimmung des Reichstages gebunden;

2. als Heerbann: der König bestimmt den Umfang der Wehrpflicht, er hält die Heerschau ab und ist der Heerführer;

3. als Gerichtsbann: die unter Königsbann erfolgende Ladung heißt bannitio.

IV. Der Reichstag tagt alle Jahre im Frühjahr; eine Vorberatung findet im Herbste statt. Das frühere Märzfeld wird seit 755 Maifeld, weil die Reiterei Futter für die Pferde braucht.

Der König muss den Reichstag in den causae maiores befragen, entscheidet aber selbst darüber, ob eine causa maior vorliegt. Daher entspricht die Unabhängigkeit des Königs vom Reichstage seiner Bedeutung.

1. Jeder Freie kann am Reichstage teilnehmen, auf Ersuchen des Königs ist er zum Erscheinen verpflichtet.

2. Man unterscheidet drei Stände: Freie, Halbfreie, Unfreie.

a) Die Freien werden in Adel, Gemeinfreie und Minderfreie eingeteilt.

Der alte Geburtsadel ist nicht mehr vorhanden; Dienstadel, Geistlichkeit, Grossgrundbesitzer bilden die proceres (Hochfreie); aus ihnen entwickelt sich der heutige hohe Adel. — Gemeinfreie oder Mittelfreie sind unabhängige Bauern, haben aber Lasten auf dem Grundbesitze. — Minderfreie sind freie Hintersassen, die ihr Gut hingegeben und als Zinsgut zurückerhalten haben; allmählich werden sie den Unfreien gleichgestellt.

b) Die Halbfreien oder Liten erhalten nur ein geringes Wergeld, genießen nicht die Freizügigkeit, sind aber erwerbs- und eidesfähig; aus Schuldknechten und Freigelassenen haben sie sich als besonderer Stand entwickelt.

c) Die Unfreien werden als Sachen behandelt, erhalten aber einen gewissen Schutz. Besonders bevorzugt sind die pueri regis, das königliche Hausgesinde, ferner die Ministerialen und Reisige. Selbständige Stellung haben die mansuarii oder servi casati, welche die herrschaftlichen Güter bewirtschaften; sie haften an der Scholle und können nur mit dem Grundstücke verkauft werden. Die mancipia hingegen sind frei veräußerlich.

3. Pflichten der Untertanen sind die allgemeine Wehrpflicht, die allgemeine Thingpflicht, die allgemeine Schenk- und Herbergspflicht, die allgemeine Schwurpflicht.

Ueber die Abwandelung der Thingpflicht durch die karolingische Schöffenverfassung siehe Band 8 23.

V. Beamte der Verwaltung sind der Pfalzgraf, der archicapellanus, der referendarius.

1. Der Pfalzgraf ist in merovingischer Zeit Beisitzer des Königsgerichts; unter den Karolingern liegt ihm in weltlichen Angelegenheiten die Berichterstattung ob; er ist ferner Vertreter des Königs als Richter.

2. Der archicapellanus ist erster Hofkaplan und führt die Aufsicht über die Geistlichen am königlichen Hofe (Berichterstattung in kirchlichen Angelegenheiten); seit Ludwig dem Deutschen ist er Erzkanzler.

3. Der referendarius ist in merovingischer Zeit Leiter der Kanzlei, hat ferner Ausfertigung der königlichen Gerichtsurkunden nach dem Berichte des am Königsgerichte teilnehmenden Pfalzgrafen. In der Karolingerzeit sind besondere Gerichtsschreiber unter dem Pfalzgrafen tätig.

In der Hofhaltung des Königs werden die vier germanischen Hausämter mit vornehmen Leuten besetzt: Truchsess (Trogsetzer, Leiter der Schar, der die Plätze anweist und setzen heisst), Kämmerer, Marschall, Schenk, statt Truchsess auch Seneschall; ferner Zeremonienmeister und Quartiermeister.

Für die Verwaltung der königlichen Domänen werden besondere domestici angestellt. — Das Einkommen des Königs bilden die Tribute abhängiger Völkerschaften, Abgaben für Königsland, Bannbussen, Gerichtsgefälle, Schutzzinse, Zölle, Jahresgeschenke; für die Verwaltung der Domänen ist eine besondere Verordnung Karls des Grossen, capitulare de villis, 812 ergangen.

VI. Besondere Stellung gewisser Güter. Die Immunität geht vom Königsgute aus, das nicht unter dem Grafen, sondern dem domesticus steht, frei von Abgaben und Gerichtsbarkeit ist.. Allmählich werden auch Kirchengüter privilegiert; später die Benefizien. Die Immunität bedeutet dreierlei:

1. Verbot des introitus, d. i. kein Beamter darf als solcher das Gebiet betreten;
2. Verbot der exactiones, d. i. keine Steuern an den Fiskus;
3. Verbot der districtio, d. i. keine Gewalt gegenüber Immunitätsleuten.

Besondere Immunitätsgerichte in causae minores; der Vogt des Immunitätsherren übt die Gerichtsbarkeit aus.

3. Kapitel.

Das Mittelalter.

§ 13. **Die Landeshoheit** ist eine Summe von Hoheitsrechten, die einzelnen Territorialherren zukam. Erworben wurde sie durch Konzession seitens des Königs und durch Beschränkung der königlichen Gewalt.

In der Entwickelung sind namentlich vier Zeitpunkte von einschneidender Bedeutung.

1. confoederatio cum principibus ecclesiasticis 1220: Verzicht des Königs auf das ius regalium (Einkünfte des Szepterlehens während der Sedisvakanz) und Verzicht auf das ius spolii sive exuviarum (Einziehung des Mobiliarnachlasses eines geistlichen Fürsten).

2. statutum in favorem principum 1232: Vorrechte der weltlichen Fürsten in bezug auf Gerichtsbarkeit, Verzicht des Königs auf Anlegung neuer Zölle, Märkte, Städte, Burgen.

3. Goldene Bulle 1356: den Kurfürsten wird die Untrennbarkeit der Kurlande und die Primogenitur der Kur gesichert; sie erhalten das Münzrecht, das Bergregal, den Judenschutz, Privilegien de non evocando und de non appellando.

4. Der Westfälische Friede 1648 gewährt den Reichsständen das Recht des Vertragsschlusses mit fremden Mächten und der Kriegführung (nur nicht gegen Kaiser und Reich).

§ 14. **Die Thronfolge.** Seit 911 ist das Reich ein Wahlreich, aber die Wahl hält sich an die Mitglieder des königlichen Hauses; vielfach lassen die Kaiser ihre Söhne zu römischen Königen erwählen.

I. Eine Fürstenversammlung zu Forchheim 1077 erklärt sich für das freie, nicht an das Herkommen gebundene Wahlrecht.

II. Heinrich VI. 1190 will auf dem Reichstage zu Würzburg die Wahlmonarchie in eine Erbmonarchie umwandeln; aber die Fürsten, denen er dafür die Erblichmachung ihrer Lehen (sogar im Weibsstamme) anbietet, willigen nicht ein, weil die Lehen bereits tatsächlich erblich waren.

Der Papst beansprucht für sich das Recht der Prüfung und Bestätigung der Wahl, insbesondere bei Doppelwahlen. Durch den Kurverein zu Rense 1338, bestätigt durch die constitutio de iure et excellentia imperii (Licet iuris) Frankfurt 8. August 1338, wird festgesetzt, dass die Wahl durch Majorität der Kurfürsten erfolge und der deutsche König ohne Krönung durch den Papst römischer Kaiser sei.

Die erste Doppelwahl erfolgte 1198.

III. Ursprünglich wählt das ganze Volk, später die Fürsten, schließlich die Kurfürsten unter nachheriger Akklamation der übrigen Fürsten, endlich nur die Kurfürsten. Auf Grund der Goldenen Bulle 1356 sind 7 Kurfürsten Königswähler:

1. drei Pfaffenfürsten: die Erzbischöfe von Mainz, Köln und Trier;

2. vier Laienfürsten: der Herzog von Sachsen, der Pfalzgraf bei Rhein, der Markgraf von Brandenburg und der König von Böhmen (so schon nach dem Ssp, nach dem Swsp: der Herzog von Bayern).

Wählbar ist jeder eheliche, freie, nicht lahme oder aussätzige Mann; regelmäßig werden Reichsfürsten gewählt, allerdings finden sich Ausnahmen.

§ 15. Die Stände sind nach Landrecht und nach Lehnrecht verschieden geordnet.

I. Landrechtlich bilden den höchsten Stand die Fürsten, und zwar sind dies vor 1180 die Inhaber der hohen Aemter, nach 1180 der jüngere Reichsfürstenstand; als Fürsten gelten nur die weltlichen Herren, die vom Könige ein unmittelbares Lehen erhalten haben.

1. Nach dem Ssp bilden den (nächsten) 2. Stand die freien Herren (mit großem Grundbesitze und eigener Gerichtsbarkeit); — 3. die Schöffenbarfreien (mit mindestens drei Hufen Landes, zum Schöffenamte fähig, auch wenn sie in die Ministerialität eingetreten sind); — 4. die Pfleghaften (oder Biergelden, abgabenpflichtige Personen); 5. die Landsassen (auf fremdem Grund und Boden).

Seit 1180 (Heinrich der Löwe) sind die Stammesherzogtümer beseitigt.

Ministeriale sind Unfreie, die durch die ritterliche Beschäftigung mit den freien Rittern auf eine Stufe kamen; seit dem 13. sc. erlangen sie vollkommene Gleichstellung; aus ihnen ist der heutige niedere Adel entstanden.

2. In Süddeutschland bilden die landrechtlichen Stände die Fürsten, die hochfreien und mittelfreien Ritter, die Freibauern.

II. Lehnrechtlich unterscheidet man die Stände nach sieben Heerschilden: 1. der König; — 2. die Pfaffenfürsten; — 3. die Laienfürsten; sodann ist zu unterscheiden:

nach Ssp folgen 4. die freien Herren; — 5. die Schöffenbarfreien und Ministerialen; — 6. die Mannen des fünften Schildes; — 7. (unbenannt);

nach Swsp folgen: 4. die Hochfreien; — 5. die Mittelfreien; — 6. die Ministerialen; 7. alle übrigen ritterfähigen Personen.

Die Bauern leben teils frei, teils unfrei auf dem Hofe eines Grundherrn; sie sind Ministeriale, freie Vogteileute, Hörige oder Eigenleute.

In den Städten bestehen ursprünglich drei Stände: Freie, Ministeriale des Stadtherrn, unfreie Handwerker. Seit dem 11. sc. werden die Städte durch freie Landbewohner und namentlich dadurch gestärkt, daß an außerhalb wohnende Grundbesitzer und Ritter (sog. Pfahlbürger, palburger von palo oder balo, schlecht) das städtische Bürgerrecht (ohne Domizil in der Stadt) verliehen wird. Durch die Goldene Bulle 1356 wird die Aufnahme von Pfahlbürgern untersagt, ebenso werden die Städteverbindungen verboten.

§ 16. **Die Behörden und Beamten** sind nicht einer zentralisierten und lokalisierten Verwaltung eingefügt. Der König hat keine ständige Residenz, reist vielmehr im Lande umher.

I. Die Reichskanzlei leitet der Erzbischof von Mainz als Erzkanzler für Deutschland. Seit Konrad II. wird der Erzbischof von Köln Erzkanzler für Italien; — seit dem 13. sc. der Erzbischof von Trier Erzkanzler für Burgund.

Die Kanzlei leitet der Hofkanzler, unter ihm arbeiten Protonotare, ferner Notare und Schreiber. Eine besondere Gerichtskanzlei wird für den 1235 eingesetzten obersten Hofrichter eingerichtet.

II. Die großen Hofämter als Truchseß, Marschall, Kämmerer und Schenk werden bei feierlichen Gelegenheiten von den Erzämtern (den vier Laienkurfürsten) versehen; für das Alltägliche dienen zunächst Reichsministeriale, später die Erbämter. Seit Philipp besteht das Küchenmeisteramt.

III. Hofmeister, magister curiae, ist ursprünglich ein wirtschaftlicher Beamter, später ein Regierungsbeamter. Seit Ruprecht wird das Amt geteilt; ein Haushofmeister wird für wirtschaftliche, ein Obersthofmeister für Regierungsangelegenheiten (mit erstem Sitz im Hofrate) bestellt.

Seit Karl IV. ist der Hofpfalzgraf befugt, Notare zu ernennen und Legitimationen unehelicher Kinder vorzunehmen; dieses Amt wird häufig Juristen und Juristenfakultäten (z. B. Rostock) verliehen.

IV. Zum Einkommen des Königs tragen bei: die ordentlichen Steuern aus den königlichen Städten, das Reichskirchengut, die Reichsdörfer, die Judengemeinden; daneben finden sich vereinzelt allgemeine Reichssteuern, so der gemeine Pfennig, zuerst unter Sigismund, später als Matrikularumlage. Auch außerordentliche Steuern werden in besonderen Fällen, z. B. bei Hoftagen, erhoben.

V. Landfriedensgesetze werden gegen die Fehde erlassen, enthalten jedoch auch strafrechtliche, prozeßrechtliche und polizeiliche Bestimmungen.

Heinrich IV. 1103 zu Mainz: Landfriede auf 4 Jahre.

Friedrich I. Barbarossa mit drei Landfriedensgesetzen: 1152, auch über Getreidepreise und summarischen Lehnsbesitzprozess; — November 1158 constitutio pacis auf den ronkalischen Gefilden; — 29. Dezember 1186 constitutio contra incendiarios zu Nürnberg: Erhebung der Fehde wird von gehöriger Ankündigung abhängig gemacht, „widersage“ oder diffidatio.

Friedrichs II. Sohn, Heinrich VII., zu Frankfurt 1223 Landfrieden für Sachsen, zu Würzburg 1224 treuga Heinrici, zu Frankfurt 1234 Landfrieden.

Die constitutio Moguntina Friedrichs II. vom 15. August 1235: über Fehde, Zoll, Münze, Hofgericht, Geleit.

Albrecht II. 1438 hebt die Fehde auf.

Friedrich III. 1442 erkennt ein beschränktes Fehderecht an.

Der Ewige Landfriede 1495 beseitigt die Fehde endgültig und setzt das Reichskammergericht ein.

§ 17. **Reichstage** sind Hoftage allgemeinerer Bedeutung; ursprünglich bestand eine Pflicht der Großen, zu erscheinen; daraus wurde später ein Recht der Großen, befragt zu werden.

I. Reichsstandschaft ist das Recht, an den Verhandlungen des Reichstages mit Sitz und Stimme teilzunehmen.

1. Die Kurfürsten, Fürsten und Herren haben Reichsstandschaft, und zwar bilden die 7 Kurfürsten das Kurfürstenkolleg, die Fürsten, Herren und Prälaten den Fürstenrat; vgl. w. u. Seite 19.

2. Die Städte erhielten unter Wilhelm von Holland eine beschränkte Reichsstandschaft; dies gilt aber nur für die Reichs- und die bischöflichen Städte, und nicht in solchen Angelegenheiten, die sie nicht betrafen.

3. Reichsritter, Reichsministeriale, Reichsbauern (Bauern der Reichsdörfer) sind zwar reichsunmittelbar, haben jedoch nicht Reichsstandschaft.

Grundsätzlich sind alle Reichsstände reichsunmittelbar (d. h. haben ein Territorium unmittelbar vom Kaiser); nur die reichsständischen Personalisten (w. u. Seite 19) haben kein Territorium vom Kaiser.

II. Die Zuständigkeit des Reichstages ist gesetzlich nicht geregelt; seit dem 12. sc. ist seine Zustimmung erforderlich für die Gesetzgebung, die Errichtung von Reichsfürstentümern, für wichtigere Staatsverträge und Konkordate, für Heereszüge. Die drei Kollegien beschließen gesondert; siehe w. u. Seite 18.

§ 18. **Rechtsbücher** (nicht Gesetzbücher) heißen private Sammlungen des 13. Jahrhunderts, welche wegen ihrer zusammenfassenden Darstellung gesetzesgleiches Ansehen hatten.

I. Der Sachsenspiegel, entstanden zwischen 1198 und 1235, verfaßt von dem zu Salpke an der Elbe in der Grafschaft Billingshöhe am Harz ansässigen sächsischen Schöffen und Ritter Eike (Ekkehard) von Repkow, einem in die Ministerialität eingetretenen Schöffenbarfreiern (genannt nach dem Dorfe Reppichau, Gau Serimunt, zwischen Köthen, Dessau und Aken). Zuerst ist der Ssp in lateinischer Sprache, sodann auf Veranlassung des Grafen Hoyer von Falkenstein, Stiftsvogtes zu Quedlinburg, im niedersächsischen Dialekte niedergeschrieben worden.

Vor dem Texte stehen vier Vorreden: 1. praefatio rhythmica, in zwei Teilen: der erste Teil, von einem unbekannten Dichter, verteidigt den Sachsenspiegel gegen seine Kritiker; diese 12 achtzeiligen Strophen sind jünger als der zweite Teil, Vers 97 bis 280, der von Eike nach einem Lehrgedicht des Werner von Elmendorf angefertigt ist.

2. prologus mit dem Anfange: des heiligen geistes minne, die stärke meine Sinne.

3. textus prologi deutsch.

4. von der herren geburt, eine Genealogie des sächsischen hohen Adels.

Der Ssp zerfällt in 2 Teile: Landrechtsbuch und Lehnrechtsbuch. Die lateinische Urschrift ist nicht erhalten; das Lehnrechtsbuch scheint mit dem vetus auctor de beneficiis identisch zu sein.

Aelteste Glosse des Ssp Ldr von Ritter Johann von Buch (14. sc.), welcher auch das Ldr in 3 Bücher teilte.

II. Um die Mitte des 13. sc. in Augsburg: Spiegel aller deutschen Leute, welcher allgemeines deutsches Recht enthalten soll.

III Schwabenspiegel, so seit dem 17. sc. genannt, früher kaiserliches Land- und Lehnrecht. Der Swsp ist die Vollendung des deutschen

Spiegels unter Umarbeitung des Ssp. Nach Ficker ist er 1274/75 in Augsburg entstanden; nach Rockinger ist er 1259 in Bamberg verfaßt und 1265 zu Würzburg umgearbeitet.

Familie des Ssp: Görlitzer Rechtsbuch, Breslauer Landrecht, Holländischer Sachsenspiegel, Berliner Stadtbuchschöffenrecht, Livländischer Spiegel. Aus dem Swsp ist das Landrechtsbuch des Ruprecht von Freising 1328 entstanden.

IV. Kleines Kaiserrecht, vor 1320 in Hessen entstanden.

V. Stammessatzungen: Friesische Küren, Hunsingoer Küren, Rüstringer Satzungen, Brokmerbrief, Dietmarscher Landrecht.

§ 19. Dienst- und Hofrechte. I. Dienstrechte sind für die Ministerialen gegeben; sie sind verschiedenartig gestaltet, weil die Ministerialität nicht einheitlich geordnet ist. Insbesondere haben die geistlichen Stifter ein großes Interesse, eine gesetzliche Regelung zu geben; sie tun dies, ohne vor Fälschungen zurückzuscheuen.

So sind gefälscht: constitutio de expeditione Romana auf den Namen Karls des Grossen, in Reichenau; — ferner Dienstrechte unter dem Namen Ludwigs des Frommen und Heinrichs III.

II. Hofrechte für die Hofeleute sind besonders aus Gewohnheitsrecht entstanden; aber auch Satzungen finden sich, so die lex familiae wormatiensis ecclesiae des Bischofs Burchard von Worms um 1023.

Die Aufzeichnungen des Gewohnheitsrechtes heissen Weistümer, Taidinge, Oeffnungen.

§ 20. Stadtrechte (geschriebene) beruhen auf den Privilegien oder Handfesten; erst seit dem 13. Jahrhundert haben die Städte ein eigenes Kürrecht.

I. Stadt ist ein ummauerter Ort mit Marktrecht.

So die herrschende Marktrechtstheorie (Waitz, Schröder, Brunner); nach anderer Auffassung ist die Stadt entstanden aus der Fortbildung der Dorfgemeinde und der Markgenossenschaft (von Maurer, Below), aus den Burgen (Keutgen, Hegel), aus der Schöffenverfassung (Heusler), aus der Fronhofverfassung (Nitzsch).

II. Das Stadtrecht heißt Weichbild (von vicus und Bildrecht) und kann von der Mutterstadt (Oberhof) anderen Städten verliehen werden (Bewidmung).

Wichtige Stadtrechte: sächsisches Weichbild 1300; — Rechtsbuch nach Distinktionen (schlesisches Landrecht); — Eisenacher Rechtsbuch; — Blume von Magdeburg 1386 (von Nicolaus Wurm); — systematisches Schöffenrecht; — Glogauer Rechtsbuch 1386; — der alte Kulm 1400; — die Magdeburger Fragen und die neun Bücher Magdeburger Rechtes; — das Danziger Schöffenbuch; — das Stadtrecht von Freiberg (Mark Meissen) 1300.

§ 21. Die Urkunden und Formelbücher. I. Bei den Königsurkunden werden seit Heinrich IV. die Zeugen der königlichen Verfügung mitgenannt und schließlich als Beweismittel zur Beglaubigung der Echtheit verwendet; dies ist seit Lothar III. die Regel. Früher wurde das Siegel auf die Urkunde aufgedrückt; später findet sich seit Konrad III. ein Hängesiegel, insbesondere für Privilegien.

Seit dem 13. Jahrhundert werden die Königsurkunden von den Fürsten zum Zeichen der Zustimmung mitunterzeichnet; in besonders wichtigen Fällen wird die Zustimmung in einem besonderen Willebriefe erklärt.

Man unterscheidet litterae patentes und clausae, je nachdem sie offen oder verschlossen waren.

II. Statt der carta wird überall die notitia angewendet. Die Privaturkunden erlangen erst dann wieder eine Bedeutung, nachdem auch bei ihnen das Siegel eingeführt ist; daher: Brief und Siegel.

Baumgartenberger Formelbuch, formularius de modo prosandi, verfasst von einem Zisterziensermönche in Baumgartenberg bei Linz; — summa de arte prosandi, eine theoretische Abhandlung des Konrad von Mure in Zürich 1275.

§ 22. **Die Rezeption** von Fremdrechten in Deutschland: bis zum Ende des 15. Jahrhunderts sind in Deutschland das römische und das kanonische Recht sowie das langobardische Lehnrecht aufgenommen worden.

I. Rezeption des römischen Rechtes erfolgte durch Aufnahme des Corpus iuris civilis (siehe Band 18 11), und zwar in der Gestalt, die ihm die Postglossatoren gaben.

Umfang der Rezeption: 1. Nach der Komplexualtheorie (Windscheid) ist das römische Recht als Ganzes rezipiert worden; wer auf römisches Recht sich beruft, habet fundatum intentionem in iure. — 2. Nach anderer Ansicht (Dernburg) ist nur das rezipiert worden, was in deutschen Rechtsgewohnheiten und -gebräuchen Anklang fand. — 3. Jedenfalls ist rezipiert worden, was die Glosse mit in den Bereich ihrer Interpretation zog: quidquid non acgnoscit glossa, nec acgnoscit forum.

1. Geltungskraft des römischen Rechtes: es gilt nur subsidiär, denn: Geding und Willkür bricht Stadtrecht, Stadtrecht bricht Landrecht, Landrecht bricht gemeines Recht.

2. Pandektenrecht ist das Recht, das in Deutschland als gemeines Recht römischen Ursprunges in Geltung war, aber nicht in der ursprünglichen römischen Form, sondern mit den durch die Postglossatoren vorgenommenen Aenderungen, und in der durch kanonisches und durch deutsches Recht bedingten Form.

Demnach stellte sich der Rechtszustand zur Zeit der Rezeption folgendermassen dar:

1. Zersplitterung des einheimischen deutschen Rechtes in den einzelnen Landesteilen war ein Hauptgrund für die Rezeption der Fremdrechte.

Quellen des alten deutschen Rechtes waren:

a) die leges barbarorum;

b) die Kapitularien und Formelsammlungen;

c) die Rechtsbücher; die Stadt-, Dienst- und Hofrechte sowie die Literatur darüber; die Schöffensprüche, Weistümer;

d) die Gesetze des alten Deutschen Reiches.

Hierzu kamen ferner die Kodifikationen in den Territorien; siehe w. u. Seite 17.

II. Das kanonische Recht (Band 14 4) ist bis 1500 rezipiert worden.

1. Kanonisches Recht ist nicht gleichbedeutend mit Kirchenrecht; vielmehr ist kanonisches Recht das von der Kirche geschaffene Recht. Es enthält Vorschriften des bürgerlichen, des Prozeß- und des Strafrechtes.

2. Umfang der Rezeption: nur die privatrechtlichen Bestimmungen des corpus iuris canonici clausum sind rezipiert worden; nicht rezipiert sind die erst nach 1495 gesammelten Extravagantensammlungen.

III. Das langobardische Lehnrecht ist in der Gestalt der libri feudorum rezipiert worden.

Die langobardische Rechtsschule in Pavia (liber Papiensis): Jakob de Ardizone und Jakob Columbi (13. Jahrhundert); Hugolinus de Presbytero ordnet die libri feudorum in die Novellen (decima collatio) ein. Der Verfasser des 1. Buches ist unbekannt; das 2. Buch rührt hauptsächlich von Obertus ab Orto her (12. Jahrhundert).

IV. Die Rechtsentwickelung und die Rechtsschulen.

1. Irnerius begründet Ende des 11. sc. die Glossatorenschule in Bologna; glossa ist eine Randbemerkung zu dem Quellentexte. Die so verarbeiteten Quellen werden benannt: digestum vetus, infortiatum (letzter Teil davon heißt tres partes), digestum novum, codex, volumen parvum.

Die quattuor doctores: Bulgarus os aureum, Martinus copia legum, Mens legum est Hugo, Jacobus id quod ego.

Friedrich II. schenkt für die von ihm gewünschte Antwort über das dominium directum dem Martinus sein kostbares Ross, während Bulgarus sagt: dixi aequum, perdi equum, quod non est aequum.

Azo, ein Deutscher, Anfang des 13. sc. (summa ad Codicem).

Accursius, ein Italiener, Mitte des 13. sc. Die glossa ordinaria ist von Accursius zusammengestellt.

2. Die Postglossatoren (Kommentatoren) wandeln das römische Recht für die Bedürfnisse der Praxis um. Wilhelm Durantis (Speculum iuris) im 13. sc. bis Mitte des 14. sc.; Bartolus de Sassoferrato; neben ihm Baldus de Ubaldis. Ende des 15. sc. Jason Mainus.

3. Die französische historische Schule.

Brissonius (de verborum significatione), Jacobus Cujacius (1522—1590, observationes mit historischen Bemerkungen), Hugo Donellus (1527—1591) als erster Systematiker in seinen commentarii iuris civilis. — Dionysius Gothofredus (1549—1622) gibt als erster 1583 das corpus iuris civilis unter diesem Namen heraus; sein Sohn Jacobus Gothofredus (1587—1652) schreibt einen Kommentar zum codex Theodosianus.

4. Niederländische Schule: Wissenbach (emblemata Triboniani), Voet, Noodt, Schulting, Bynkershoek.

5. Die deutschen Praktiker.

a) Gregor Haloander veranstaltet 1529 eine möglichst praktisch verwendbare Pandektenausgabe, lectio Haloandrina. — Ulrich Zasius (res fungibiles).

b) Die Kameralisten (Praxis des Reichskammergerichtes) Joachim Mynsinger; Andreas Gail.

c) Die Saxonisten (usus modernus pandectarum durch Ausgleichung des römischen mit dem Sachsenrechte): Benedikt Carpzov (1595—1666), Heinrich Berger, Wernher, Leyser. Nach der Art der Saxonisten: Mevius, Stryk, Böhmer.

6. Die naturrechtliche Schule: Thomasius; Thibaut.

7. Die historische Schule.

Begründet von Gustav Hugo in Göttingen. Hauptvertreter: Friedrich Karl v. Savigny (* 21. 2. 1779 in Frankfurt am Main, † 25. 10. 1861 in Berlin), Georg Friedrich Puchta (1798—1846), v. Bethmann Hollweg † 1877, v. Keller † 1860, Rudorff † 1872, Stintzing † 1883. Unter den romanistischen Dogmatikern: Bernhard v. Windscheid (1817—1892), Rudolf von Ihering (1818—1892).

Neben ihnen die Germanisten. Entdeckung des deutschen Rechtes durch Hermann Conring 1643; Georg Bayer in Wittenberg liest 1708 zum ersten Male über deutsches Recht. Neuere Germanisten: Eichhorn, Gerber, Beseler, Stobbe, Thoel (Handelsrechtler).

4. Kapitel.

Das Reich in seiner Auflösung.

§ 23. **Die Reichsverwaltung** der Zeit seit 1648 charakterisiert sich durch das stärkere Hervortreten der Landeshoheit.

I. Vor der Entstehung der Landeshoheit war Deutschland ein Einheitsstaat, und zwar eine durch Stände beschränkte Monarchie. Seit dem 17. Jahrhundert besteht Streit über die Staatsform des Deutschen Reiches.

Reinkingk 1616: deutsches Reich ist eine reine Monarchie; — **Moser**: Verfassung enthält eine Mischung monarchischer und aristokratischer Bestandteile; — **Pusendorf** unter dem Pseudonym **Severinus de Mozambano** in seiner **Schrift**: de statu imperii germanici ad Laelium fratrem schildert in der Maske eines vornehmen Veronesers das deutsche Reich als ein irregulare aliquod corpus et monstro simile; — **Pütter**: das deutsche Reich ist ein aus Staaten zusammengesetzter Staatskörper mit beschränkt monarchischer Verfassungsform; — **Schulze, Jellinek**: Staatenstaat; — **Brie, Westerkamp**: seit 1648 ein Bundesstaat; — **Meyer**: ein in der Auflösung begriffener Lehnsstaat in gemischter, monarchisch aristokratischer Verfassungsform mit förderativen Elementen.

II. Die Rechte des Kaisers sind Reservatrechte und Komitialrechte.

1. Reservatrechte sind: a) iura reservata limitata, bei denen die Zustimmung der Kurfürsten erforderlich ist, z. B. Anlegung von Zöllen, Verleihung von Zoll- und Münzregal; — b) iura reservata illimitata, z. B. Vornahme von Standeserhöhungen und Erteilung von Universitätsprivilegien.

Man unterscheidet ferner: a) iura reservata communia (cumulativa), die dem Kaiser ebenso wie den Landesherren zustehen, z. B. Verleihung der venia aetatis, des Notariats, Legitimation unehelicher Kinder; — b) iura reservata exclusiva, die dem Kaiser zustehen, z. B. Standeserhöhungen.

2. Komitialrechte sind solche Befugnisse des Kaisers, bei deren Ausübung der Reichstag mitwirken muß, z. B. Gesetzgebung, Kriegserklärung, Friedensschluß, Bündnisse, Auferlegung von Steuern, Veräußerung und Verpfändung von Reichsgut.

III. Die Regierung wird beendet: durch Tod, Absetzung, Abdankung.

Der Pfalzgraf bei Rhein richtet den anwesenden König auf einem Reichstage; kein Kontumazialverfahren.

Bei Behinderung des Kaisers ist der römische König Reichsverweser; ist kein römischer König da, so fungieren Reichsvikare, und zwar der Pfalzgraf bei Rhein in partibus Rheni et Sueviae et in iure Franconico, der Herzog von Sachsen in his locis, ubi Saxonica iura servantur.

IV. Die einzelnen Zweige der Verwaltung.

1. Die Post ist kaiserliches Regal, aber seit 1615 ist Taxis damit belehnt.

2. Kein einheitliches Reichsheer, nur im Kriegsfalle wird eine Armee aus den einzelnen Kontingenten gebildet.

3. Für Ausgaben des Reiches: Anschläge, d. i. auf die einzelnen Reichsstände gelegte Umlagen gemäß Wormser Reichsmatrikel von 1521;

Beiträge hießen auch Römermonate, weil ursprünglich für den Römerzug Karls V.

Für Kammergericht seit 1548 Kammerzieler, weil in mehreren Zahlungszielen zahlbar.

4. Die Gesetzgebung des Reiches verlor immer mehr an Einfluß; dagegen wurden in den Territorien Kodifikationen publiziert.

a) Allgemeines Landrecht für die preussischen Staaten vom 5. Februar 1794 siehe Band **21** 12.

b) Codex Maximilianeus bavaricus, 1765, enthält eine Verarbeitung des römischen Rechtes von Kreitmayr.

c) Code civil vom 20. März 1804, entworfen von Tronchet, Portalis, Bigot de Préameneu, Maleville. Seit 1809 galt er in Baden in amtlicher Uebersetzung als „Badisches Landrecht". Ausserdem galt er bis 1900 in der Rheinprovinz (linksrheinisch), in der Rheinpfalz, Rheinhessen, Elsass-Lothringen, Birkenfeld.

d) Das dänische Recht (jütisch low) galt in Teilen von Schleswig-Holstein.

V. Maximilian I. will das Reich nach Art der österreichischen Erblande reformieren, während die ständische Partei unter Führung Bertholds von Henneberg, des Erzbischofs von Mainz, eine oligarchische Zentralgewalt schaffen will.

1. Zu Worms 1495 beantragen die Stände, einem ständischen Reichsrate die Reichsverwaltung zu übertragen; da der König widerspricht, wird beschlossen, alljährlich einen Reichstag zur Aufrechterhaltung von Frieden und Ordnung zu berufen.

2. Zu Augsburg beschließt 1500 der Reichstag, ein ständiges Reichsregiment in Nürnberg zu errichten; Vorsitzender: der König oder dessen Stellvertreter, Beisitzer: 20 Regenten oder Räte.

Gleichzeitig werden 6 Kreise eingerichtet, welche Vertreter ins Reichsregiment schicken; bayrischer, schwäbischer, fränkischer, oberrheinischer, niederrheinisch-westfälischer, niedersächsischer Kreis. Jedoch werden Oesterreich, Burgund und die Kurfürstentümer nicht eingeteilt, weil bereits im Reichsregimente vertreten.

Maximilian löst 1502 das Reichsregiment auf. Durch Karl V. 1521 Reichsregiment zur Vertretung des abwesenden Königs eingesetzt, bei Karls Rückkehr 1530 aufgelöst.

3. Kreiseinteilung sehr von Bedeutung für Landfrieden, Ausführung der Reichsschlüsse und Urteile der höchsten Gerichte, Präsentation der Beisitzer zum RKG; später noch für Münzwesen, Militärverfassung.

Deshalb noch vier Kreise gebildet, 1512: österreichischer, burgundischer, kurrheinischer, obersächsischer Kreis.

Kreisverfassung: Kreisordnung 1521, Landfriedensordnung 1522, Exekutionsordnung 1555. — Der kreisausschreibende Fürst schreibt Kreistage aus; ist er Leiter des Kreistages, so heißt er Kreisdirektor.

VI. Durch den Frieden von Luneville vom 9. Februar 1801 wurden an Frankreich das linke Rheinufer und einzelne italienische Besitzungen abgetreten.

Durch den RDHS vom 25. Februar 1803 (als Reichsgesetz erklärt durch Reichsgutachten vom 24. März 1803 und durch kaiserliches Kommissionsdekret vom 27. April 1803), sog. jüngster Reichsschluß, werden die erblichen deutschen Fürsten für ihre Verluste auf dem linken Rheinufer entschädigt.

Durch dem Preßburger Frieden vom 26. Dezember 1805 muß der Kaiser die Souveränität der Könige von Bayern und Württemberg anerkennen.

Franz II., der bereits 1804 sich Kaiser von Oesterreich genannt hatte, legt am 6. August 1806 die deutsche Kaiserkrone nieder und erklärt das Reich für aufgelöst.

Wirkungen der Auflösung: Lehnsherrlichkeit des Kaisers wird beseitigt, alle Reichslehen werden allodifiziert, die Reichsglieder werden souverän, Reichsgesetze und Reichsinstitute gehen als solche unter. Allerdings war der Kaiser nicht befugt, das Reich aufzulösen und die Stände von ihren Pflichten zu entbinden.

§ 24. Die Entwickelung der Stände. I. Im Reiche: Reichsfürsten, Grafen und Herren, Reichsritter, Reichsstädter, Reichsbauern.

Hoher Reichsadel: Reichsunmittelbarkeit und erbliche Reichsstandschaft, besondere Verfassung durch Hausgesetze, Observanzen und Privatfürstenrecht.

Reichsbauern in der letzten Zeit des Reiches nicht mehr vorhanden.

II. In den Territorien: Adelstand, Bürgerstand, Bauernstand; später jedoch Unterschiede verwischt und an deren Stelle allgemeines Staatsbürgertum.

1. Adel nicht nur durch Grundbesitz, sondern auch Briefadel. Seit Mitte des 17. sc. Adel besonders im Hofdienste, als Juristen und Offiziere, nur im östlichen Deutschland Grundbesitz bedeutend.

2. Leibeigenschaft in zwei Formen:

a) Westdeutsche Leibeigenschaft (Eigenbehörigkeit oder Halseigenschaft): persönliche Zugehörigkeit zu einem Leibherrn, Leibzins, Sterbefall (bûteil, Hälfte des Nachlasses), Heiratssteuer, Dienstpflicht, Verbot der Freizügigkeit; — in Preußen beseitigt durch ALR 1794.

b) Ostdeutsche Leibeigenschaft, hervorgegangen aus dem Wunsche des Grundbesitzers, sich vor Leutenot zu sichern.

α) Im 16. sc. Bauer zwar noch frei, aber bei Wegzug Stellung eines Ersatzmannes und Vorrecht des Herrn auf Gesindedienste der Kinder.

β) Später: Wegzug nur mit Einwilligung des Herrn und unbedingter Gesindezwang der Kinder.

γ) Seit Ende des 16. sc. Begriff der Leibeigenschaft nach römischem Rechte konstruiert als Erbuntertänigkeit: ungemessene Fronden, außerdem Genehmigung des Herrn für Heirat und für Erlernung eines Handwerks; der Leibeigene ist pars fundi, Hof und Land hat er widerruflich, er ist veräußerlich; — in Preußen seit Martini 1810 abgeschafft.

III. Durch den absoluten Staat ist der Begriff der allgemeinen Untertanenschaft und damit des allgemeinen Staatsbürgertums geschaffen.

§ 25. Der Reichstag besteht aus den drei reichsständischen Kollegien: Kurfürstenkollegium, Fürstenrat, Kollegium der Reichsstädte.

I. Die drei Kollegien.

1. Kurfürstenkollegium siehe w. o. Seite 10; im Jahre 1623, bestätigt durch IPO, kommt die pfälzische Kur an Bayern; für Pfalz eine achte Kur. An Braunschweig-Lüneburg 1692 die Kur verliehen, 1708

vom Reichstage anerkannt; böhmische Kur 1708 wieder hergestellt; bayerische Kur 1777 mit Pfalz vereinigt. — Vorsitzender: Kurmainz.

2. Fürstenrat: geistliche und weltliche Bank für 94 Virilstimmen und 6 Kuriatstimmen (vier Grafenbänke: schwäbisch, wetterauisch, fränkisch, westfälisch; zwei Prälatenbänke: rheinisch, schwäbisch). Vorsitz: abwechselnd Oesterreich und Salzburg.

3. Städtekolleg: 51 Städte, und zwar rheinische und schwäbische Bank. Entscheidende Stimme erst seit IPO. Vorsitz: die Stadt, in der der Reichstag abgehalten wird; seit 1663 demnach Regensburg.

II. Reichsstandschaft hat, wer auf dem Reichstage Sitz und Stimme hat, ursprünglich alle Inhaber königlicher Aemter und von Fürstentümern.

1. Durch kaiserliche Verleihung können auch Personen ohne reichsunmittelbares Territorium Standschaft erhalten, sie heißen reichsständische Personalisten. Seit dem 16. sc. haftet grundsätzlich die Stimme am Territorium.

2. Seit 1582 ist kein Fürst ohne reichsunmittelbares Territorium und ohne Zustimmung des Fürstenrates in den Reichstag aufgenommen worden. Familien, die schon 1582 Virilstimme hatten, heißen altfürstliche, die späteren werden neufürstliche genannt.

3. Durch Wahlkapitulation Ferdinands IV. 1653 wird das Ernennungsrecht des Kaisers beseitigt: Reichsstandschaft ist nur zu erwerben durch Besitz eines reichsunmittelbaren Territoriums und Aufnahme in ein Kolleg.

Auf dem Reichstage sind vertreten: der Kaiser durch einen Kommissar fürstlichen Ranges, die Stände durch Gesandte (oft einer für viele, der Kosten wegen), die Städte durch Ratsfreunde. Seit 1663 heisst der kaiserliche Kommissar Prinzipalkommissarius, ihm zur Seite ein rechtsgelehrter Konkommissarius.

5. Kapitel.

Die Entwickelung des Deutschen Reiches.

§ 26. Der Rheinbund umfaßt ursprünglich 16 Staaten, später traten fast alle anderen Staaten hinzu, ausgenommen Oesterreich, Preußen, Holstein, Lauenburg, Schwedisch-Pommern, Hansestädte.

I. Die einzelnen Staaten bildeten unter dem Protektorate Napoleons einen Bund gemäß der Rheinbundakte vom 12. Juli 1806.

Organ des Bundes soll Bundesversammlung zu Frankfurt sein, bestehend aus einem Kollegium der Könige unter Vorsitz des Fürstprimas und einem Kollegium der Fürsten unter Vorsitz des Herzogs von Nassau-Usingen. Nähere Bestimmungen sollen in einem Organisationsstatute gegeben werden, sind jedoch infolge der Niederlage Napoleons unterblieben.

II. Der Rheinbund hat große Bedeutung für Entwickelung des Souveränitätsbegriffes, für Einführung freiheitlicher Maßnahmen, außerdem wichtig für Stellung der Mediatisierten.

Mediatisierte sind reichsständische Fürsten und Grafen, deren Besitzungen anderen Staaten einverleibt sind. Durch Rheinbundsakte ist den Mediatisierten Freiheit ihrer Domänen und Erhaltung aller patrimonialen und lehnsherrlichen Rechte zugesichert, sie behalten jedoch nicht die Souveränitätsrechte; für Strafsachen werden ihnen Gerichte von Standesgenossen zugebilligt. Sie haben Ebenburt mit den regierenden Häusern.

III. Der Rheinbund ist nicht Rechtsnachfolger des alten Deutschen Reiches, denn bereits früher begründet, anderer Umfang, anderer Zweck. Rheinbund hat nicht die Schulden des alten Deutschen Reiches übernommen, wohl aber Pensionen und Renten auf Grund des RDHS zu zahlen ausdrücklich sich verpflichtet.

§ 27. **Der Deutsche Bund.** Gemäß Pariser Frieden vom 30. Mai 1814 soll Deutschland wiederum ein Bund werden. Daher und zur Ordnung der europäischen Angelegenheiten: Berufung des Wiener Kongresses, eröffnet am 1. November 1814. Auf Grund eines preußischen Entwurfes Verhandlungen. Unterbrechung durch Napoleons Rückkehr von Elba. Nach Wiederaufnahme der Verhandlungen kommt am 8. Juni 1815 die DBA zustande. Von Bedeutung ist die auf Grund von Ministerialkonferenzen entstandene WSA vom 15. Mai 1820.

I. Mitglieder des Bundes ursprünglich 40, hiervon Oesterreich und Preußen nur mit den früher zum Reiche gehörigen Besitzungen (um europäische Politik zu treiben); ferner zwei ausländische Fürsten: Dänemark wegen Holstein und Lauenburg, Niederlande wegen Luxemburg: von den freien Städten bestehen nur noch die drei Hansestädte und Frankfurt. — Später nur 33 Mitglieder.

Mitgliedschaft kann bei Einstimmigkeit der vorhandenen Mitglieder erworben werden; einseitiger Austritt ist nicht gestattet.

II. Zweck des Bundes ist die Erhaltung der äußeren und inneren Sicherheit Deutschlands und der Unabhängigkeit und Unverletzbarkeit der einzelnen deutschen Staaten. Der deutsche Bund ist ein Staatenbund, nach WSA ein völkerrechtlicher Verein. Die Einzelstaaten sind souverän, aber dem Bunde in gewissen Beziehungen untergeordnet.

1. Träger der Bundesgewalt ist die Gesamtheit der verbündeten Fürsten und freien Städte, repräsentiert durch den Bundestag (oder Bundesversammlung) in Frankfurt.

2. Bundesversammlung ist ein ständiger Gesandtenkongreß, bei dem die größeren Staaten durch Gesandte, die kleineren durch Frankfurter Bürgersleute vertreten sind. Vorsitz hat Oesterreich, sog. Präsidialgesandter. Gesandte sind instruiert.

Bundesversammlung zerfällt in Plenum und engeren Rat.

1. Plenum: jedes Mitglied hat wenigstens eine Stimme, einzelne mehr. Insbesondere:

a) je vier: Oesterreich, Preussen, Bayern, Württemberg, Hannover, Sachsen;

b) je drei: Baden, Kurfürstentum Hessen, Grossherzogtum Hessen, Holstein-Lauenburg, Luxemburg, Limburg;

c) je zwei: Braunschweig, Nassau, Mecklenburg-Schwerin;

d) je eine: alle übrigen.

2. Engerer Rat: hier sind zu unterscheiden Viril- und Kuriatstimmen.

a) Virilstimmen: je eine Stimme kommt zu Oesterreich, Preussen, Bayern, Württemberg, Baden, Hannover, Kurhessen, Grossherzogtum Hessen, Sachsen, Dänemark, Niederlande.

b) Kuriatstimmen: die sechs anderen Stimmen werden so ausgeübt, dass je eine Stimme mehreren Staaten zukommt, die untereinander sich wegen der Stimmführung einigen.

3. Die Verhandlungen erfolgen gewöhnlich im engeren Rate, hierbei Beschlußfassung nach einfacher Mehrheit. Bei Stimmengleichheit gibt der Präsidialgesandte den Ausschlag.

1. Obligatorische Verhandlung im Plenum: bei Aenderung der Grundgesetze, Neuaufnahmen, organischen Einrichtungen, Krieg und Frieden, sowie bei solchen Angelegenheiten, welche auf Grund eines Beschlusses des engeren Rates vor das Plenum gehören.

2. Im Plenum im allgemeinen Zweidrittelmehrheit; jedoch in Wirklichkeit diese nur für Krieg und Frieden, in allen anderen Fällen Einstimmigkeit. Bei Religionsangelegenheiten in beiden Versammlungen Einstimmigkeit.

3. Die Geschäftsbehandlung kennt drei Stadien: Antrag, Erörterung, Abstimmung. Für gewisse Angelegenheiten besondere Bundestagskommissionen oder Bundestagsausschüsse, z. B. Finanzausschuss, Militärausschuss, Exekutionsausschuss. Diese Kommissionen bestehen aus Bundestagsgesandten.

4. Etwas anderes sind Bundeskommissionen, die nicht aus Gesandten bestehen und für gewisse Angelegenheiten bestellt werden, z. B. Zentraluntersuchungskommission zu Mainz, Technische Militärkommission zu Frankfurt.

III. Allgemeine Rechte der Bundesangehörigen gemäß der DBA: Religionsfreiheit für die christlichen Kirchen; den Juden wird eine Verbesserung ihrer bürgerlichen Lage versprochen; Freizügigkeit und Freiheit des Grunderwerbes in einem Einzelstaate gegenüber den anderen; Erhaltung der Privilegien der früheren reichsständischen Familien.

IV. Eine Gesetzgebung des Bundes besteht nur in der Weise, daß der Bund über seine eigenen Angelegenheiten unbedingt Gesetze gibt, die auch die Untertanen verpflichten, hingegen Bundesgesetze, welche die Einzelstaaten berühren, verpflichten die Untertanen nur dann, wenn sie von seiten der Regierungen publiziert werden.

1. Auswärtige Angelegenheiten: Bund und Einzelstaaten sind hierfür zuständig, jedoch dürfen Einzelstaaten keine Verbindungen gegen die Interessen des Bundes eingehen.

2. Bundesheer setzt sich aus den Kontingenten der Einzelstaaten zusammen; Bundesfestungen sind Mainz, Luxemburg, Landau, Rastatt, Ulm.

3. Finanzen des Bundes: Ausgaben werden durch Beiträge der Einzelstaaten bestritten; Bundeskanzleikasse zur Bestreitung der Ausgaben der Bundeskanzlei, für andere Ausgaben Bundesmatrikularkasse.

V. Bund und Einzelstaaten. Der Bund darf nur dann in die Verhältnisse der Einzelstaaten eingreifen, wenn Gefahr für innere Sicherheit des Bundes besteht oder Verletzung der Bundesgesetze vorliegt.

1. Nach DBA soll in allen Einzelstaaten landständische Verfassung stattfinden, ferner sollen überall Gerichte in drei Instanzen bestehen. Beschwerden wegen Justizverweigerung gehen an Bundesversammlung; für Streitigkeiten unter Bundesgliedern besteht eine Austrägalinstanz.

2. Bundesexekution findet statt, um Bundesglieder zu zwingen, ihre Pflichten zu erfüllen.

VI. Der Deutsche Bund war nicht imstande, nationale Interessen zu vertreten; der Bundestag wirkte nur zur Unterdrückung freiheitlicher Regungen, insbesondere also gegen Presse, Universitäten, Versammlungen, Vereine. Besonders zu nennen: Karlsbader Beschlüsse, ergänzt durch mehrere Bundesbeschlüsse, gegen sog. revolutionäre Umtriebe.

1. Infolge der nationalen Bestrebungen 1848 hat der Bundestag beschlossen, Aufhebung der Zensur und Einführung der Preßfreiheit den

Einzelstaaten zu gestatten. Durch Bundesbeschluß vom 10. März 1848 werden Regierungen eingeladen, Männer des allgemeinen Vertrauens zur Revision der Bundesverfassung zu bestimmen; von diesen wird Entwurf eines deutschen Reichsgrundgesetzes überreicht.

2. Durch Bundesbeschluß vom 30. März und 7. April 1848 wird konstituierende Nationalversammlung berufen. Eröffnung am 18. Mai 1848 in Frankfurt am Main in der Paulskirche. Zum Reichsverweser wird Erzherzog Johann von Oesterreich erwählt; die Bundesversammlung löst sich auf.

a) Die Nationalversammlung publiziert am 27. Dezember 1848 die Grundrechte des deutschen Volkes und am 28. März 1849 die Verfassung des Deutschen Reiches. In dieser Verfassung wird ein Bundesstaat errichtet mit einem Erbkaisertum (hierzu König Friedrich Wilhelm IV. von Preussen gewählt) und einem Reichstage, bestehend aus Staatenhaus und Volkshaus.

b) Friedrich Wilhelm IV. lehnt die Kaiserkrone ab, weil er sie nur von den deutschen Fürsten empfangen wolle. Die Nationalversammlung siedelt mit dem Restbestande der Mitglieder nach Stuttgart über, dort Auflösung dieses sog. Rumpfparlamentes am 18. Juni 1849.

c) Revolution in Sachsen, Baden und Pfalz zwecks Verwirklichung der Reichsverfassung wird bald niedergekämpft.

d) Dreikönigsbündnis: Preussen, Sachsen, Hannover beabsichtigen Gründung eines Bundes; da nicht alle Staaten beitreten, wird nur eine engere Union innerhalb des Deutschen Bundes beabsichtigt. hierzu Parlament nach Erfurt berufen, Eröffnung am 20. März 1850. Gemäss Erfurter Unionsverfassung tritt ein Reichsvorstand (Preussen) als Exekutivorgan an die Spitze; Gesetzgebung soll durch Fürstenkollegium und Reichstag ausgeübt werden.

3. Durch Interim vom 30. September 1849 einigen sich Oesterreich und Preußen dahin, daß eine Bundeszentralkommission vorläufig die Geschäfte des engeren Rates führen soll.

a) Aufforderung Oesterreichs an die deutschen Regierungen vom 26. April 1850 zur Wiedereröffnung des Bundestages. Preussen beschickt den Bundestag anfangs nicht, gibt aber infolge der Olmützer Konvention vom 29. November 1850 in jeder Beziehung nach. Hierauf tritt volle Reaktion ein. Zwischen Oesterreich und Preussen bleibt der Gegensatz in schärfster Form bestehen.

b) Für ein enges Band der deutschen Staaten unter Führung Preussens tritt der Nationalverein ein. Eine lose Vereinigung mit Oesterreich an der Spitze erstrebt der grossdeutsche Reformverein.

4. Ein Fürstentag tritt im August 1863 auf Veranlassung von Oesterreich in Frankfurt zusammen, Preußen beteiligt sich nicht.

Reformakte will an die Spitze als Exekutivorgan ein Direktorium stellen, daneben einen Bundesrat, in beiden soll Oesterreich vorsitzen; ferner für Gesetzgebung eine Abgeordnetenversammlung und periodisch für bestimmte Zwecke eine Fürstenversammlung. Preussen stellt als Bedingung für seinen Beitritt volle Gleichberechtigung mit Oesterreich und Einsetzung einer aus unmittelbaren Wahlen hervorgehenden Volksvertretung mit ausgedehnter Kompetenz. Oesterreich beharrt auf seinem Plane und will ev. Preussen ausschliessen. Durch die dänische Frage Aufschub des unausbleiblichen Krieges.

VII. Schleswig-Holstein. Durch das Londoner Protokoll vom 8. Mai 1852 wird die Nachfolge des Prinzen Christian von Sonderburg-Glücksburg im Falle des Aussterbens der Nachkommen Friedrichs III. von Dänemark anerkannt.

1. Als Friedrich VII am 15. November 1863 starb, wird Christian IX. König und nimmt von Schleswig-Holstein Besitz.

Erbprinz von Augustenburg prätendiert als nächster Agnat sein Thronfolgerecht. Deutscher Bund hat Londoner Protokoll nicht anerkannt, suspendiert die Stimme von Holstein-Lauenburg und beschliesst Bundesexekution. Mit Vollziehung werden Sachsen und Hannover beauftragt.

2. Dänische Verfassung vom 18. November 1863 wird von Christian IX. sanktioniert, wonach Schleswig in Dänemark inkorporiert wird. Der Deutsche Bund tut hiergegen nichts; Oesterreich und Preußen gehen selbständig vor: Krieg 1864.

Frieden zu Wien vom 30. Oktober 1864: Dänemark tritt Schleswig, Holstein, Lauenburg an Oesterreich und Preussen ab; beide übernehmen die gemeinsame Verwaltung.

Durch Gasteiner Konvention vom 14. August 1865 wird Verwaltung Schleswigs an Preussen, Holsteins an Oesterreich gegeben, Lauenburg vollständig an Preussen abgetreten.

VIII. Oesterreich erklärt am 1. Juni 1866 auf dem Bundestage: weitere Entscheidung der Schleswig-Holsteinschen Frage überlasse es dem Bunde; österreichischer Statthalter in Holstein sei beauftragt, die holsteinischen Stände zu berufen. Preußen sieht hierin Bruch des Gasteiner Vertrages und besetzt Holstein.

1. Auf Oesterreichs Antrag macht der Bund unter Protest Preussens am 14. Juni 1866 gegen Preussen mobil; der preussische Gesandte von Savigny erklärt das ganze Verfahren für bundeswidrig, die Abstimmung habe ausserdem nur Stimmengleichheit ergeben, Preussen erachte den Bundesvertrag infolge dieses Bruches für unverbindlich.

2. Preussen fordert nunmehr Sachsen, Hannover, Kurhessen auf, mit ihm zu einem neuen Bunde sich zu verbinden; da diese drei ablehnen, wird ihnen Krieg erklärt. Die kleineren nördlichen Staaten verbinden sich mit Preussen, nur an Sachsen-Meiningen und Reuss ä. L. wird wegen Ablehnung Krieg erklärt. Ausserdem Krieg an Oesterreich, Bayern, Württemberg, Baden, Grossherzogtum Hessen, Nassau, Frankfurt erklärt; nicht jedoch an Luxemburg und Limburg; ferner nicht an Liechtenstein. Krieg 1866.

3. Präliminarfrieden von Nikolsburg am 26. Juli 1866, zu Prag am 23. August 1866 Definitivfriede mit Oesterreich, beide Verträge übereinstimmend.

a) Oesterreich überträgt alle Rechte an Schleswig-Holstein auf Preussen, nur sollen die nördlichen Distrikte Schleswigs an Dänemark abgetreten werden, wenn die Bevölkerung durch freie Abstimmung sich hierfür erklärt (Oesterreich hat 1879 auf diesen Vorbehalt verzichtet);

b) Oesterreich erkennt die Auflösung des Deutschen Bundes an und stimmt einer Neugestaltung ohne Oesterreichs Beteiligung zu; Oesterreich erkennt einen von Preussen nördlich der Mainlinie zu gründenden Bund an, hat auch nichts dawider, dass die Südstaaten einen besonderen Bund bilden;

c) Das Königreich Sachsen soll auf besonderen Wunsch Oesterreichs in seinem Territorium unberührt bleiben, alle übrigen Veränderungen will Oesterreich anerkennen.

§ 28. **Der Norddeutsche Bund** wurde dadurch vorbereitet, daß Preußen mit den einzelnen deutschen Staaten (mit Ausnahme der $3^1/_2$ Südstaaten) die Augustbündnisse 1866 schloß.

I. Bevollmächtigte von 22 Regierungen treten zu Beratungen am 15. Dezember 1866 zu Berlin zusammen.

1. Am 12. Februar 1867 Wahlen zum Reichstage des Norddeutschen Bundes; dieser hat nur die Bedeutung einer Notabelnversammlung, nicht die eines konstituierenden Konventes, weil die Einzelstaaten die Genehmigung der Bundesverfassung sich vorbehalten haben.

2. Im Reichstage Entwurf der Bundesverfassung am 16. April 1867 angenommen; am 16. April 1867 Annahme durch die verbündeten Regierungen. Nach Annahme in den Einzelstaaten dort als Gesetz publiziert.

II. Anfangstermin der neuen Verfassung ist 1. Juli 1867; der König von Preußen übernimmt durch Publikandum vom 26. Juli 1867 alle Rechte und Pflichten für sich und seine Nachfolger.

Ueber die Entstehung der Bundesverfassung und über den Grund ihrer Verbindungskraft herrscht Streit:

1. Laband: durch Augustbündnisse haben die Einzelstaaten sich zur Gründung verpflichtet, also blosse pacta de contrahendo; Eintritt in den Bund durch Landesgesetz sei Erfüllung der vertragsmässigen Verbindlichkeit.

2. Seydel: Bundesverfassung sei übereinstimmendes Landesgesetz der beteiligten Staaten.

3. Meyer, Brie, Schulze: Gründung sei durch völkerrechtlichen Vertrag erfolgt, durch den Willen der Vertragschliessenden sei die Reichsverfassung zu einem Bundesgesetze geworden.

4. Haenel, Le Fur: Verfassung ist als Bundesgesetz in Kraft getreten, und zwar durch Umwandlung des partikularen Staatsrechtes und durch Betätigung der Konstituierung selbst.

5. Jellinek, Bornhak, Mejer: Gründung sei rein tatsächlicher Vorgang, entziehe sich der juristischen Konstruktion.

6. Binding: Der erste Reichstag sei eine Verfassung vereinbarende Versammlung gewesen, die Bundesverfassung sei gemeinrechtliches Gesetz und beruhe auf Vereinbarung der verbündeten Regierungen und des Reichstages.

III. Der Norddeutsche Bund ist nicht Rechtsnachfolger des Deutschen Bundes. — Schutz- und Trutzbündnisse des Norddeutschen Bundes mit den Südstaaten. In Artikel 79 der Norddeutschen Bundesverfassung wird auf ev. Eintritt der Südstaaten Bezug genommen (Mainbrücke).

Luxemburg ist dem Norddeutschen Bunde nicht beigetreten. Da Preussen an der Stadt Luxemburg als Bundesfestung des alten Deutschen Bundes Besatzungsrecht hatte, enstand Streit hierüber, insbesondere durch Einmischung Frankreichs.

Durch Londoner Vertrag vom 11. Mai 1867 zwischen den Grossmächten, sowie Belgien, Niederlande, Luxemburg wird bestimmt, dass Luxemburg unter seinem bisherigen Herrscherhause als neutrales Land verbleibe, hierfür Garantie der Grossmächte; Stadt Luxemburg bleibt nicht mehr Festung, Preussen verzichtet auf Besatzungsrecht.

§ 29. **Das Deutsche Reich** ist durch die Novemberverträge 1870 vorbereitet worden.

Während des Krieges regt Bayern an, dass an die Stelle der völkerrechtlichen Verträge des Nordens mit dem Süden eine einheitliche Verfassung trete. Besprechungen von Preussen, Bayern, Württemberg in München. Inzwischen Antrag Badens und Hessens (für das Gebiet südlich des Mains) auf Aufnahme in den Norddeutschen Bund. Weitere gemeinsame Verhandlungen in Versailles.

I. Novemberverträge 1870: am 15. mit Baden und Hessen, am 23.

mit Bayern, sämtlich zu Versailles: am 25. zu Berlin mit Württemberg. Geltungsbeginn des Neuen Bundesstaates „Deutscher Bund“ wird auf 1. Januar 1871 festgesetzt. — Später werden als neue Bezeichnungen eingeführt: Deutsches Reich und Deutscher Kaiser. — Feierliche Annahme der Kaiserwürde zu Versailles am 18. Januar 1871. Der Reichstag ist am 21. März 1871 zu Berlin zusammengetreten.

II. Aenderungen der Verfassung: Einsetzung eines Bundesratsausschusses für auswärtige Angelegenheiten, Vorbehalte für Bayern und Württemberg, bezüglich Post und Telegraphie, Streichung des Art. 79.

Reichsverfassung vom 16. April 1871 mit 78 Artikeln: hierzu treten noch Schlussprotokolle der Novemberverträge. — Gemäss Einf-R 2 werden die Bundesgesetze des Norddeutschen Bundes Reichsgesetze.

III. Die Gründung des Deutschen Reiches ist erfolgt durch Verträge des Norddeutschen Bundes mit den Südstaaten, wonach diese in den Bund eintreten.

Nach Laband haben die Kontrahenten durch die Verträge sich nur verpflichtet, das Reich zu gründen, also pacta de contrahendo; die Gründung sei daher Erfüllung der Verpflichtungen aus dem Vorvertrage.

1. Das Deutsche Reich ist lediglich Fortsetzung des Norddeutschen Bundes und hat alle Rechte und Verbindlichkeiten übernommen.

Anderer Ansicht Seydel, Zorn, Dahn (Norddeutscher Bund sei erloschen, daher Deutsches Reiches nicht Rechtsnachfolger)

2. Das Deutsche Reich ist ein Bundesstaat der deutschen Einzelstaaten, denn die Unterthanen der Einzelstaaten sind auch Unterthanen des Reiches, die Reichsgesetze verpflichten die Einzelstaaten und deren Staatsangehörige unmittelbar.

Nach Seydel, Rehm ist Deutsches Reich ein Staatenbund; nach von Ruville ist das Deutsche Reich ein monarchischer Einheitsstaat und eine Fortsetzung des alten Deutschen Reiches.

30. Die großen Kodifikationen des Deutschen Reiches.

I. Das Bürgerliche Gesetzbuch.

Entwickelungsgang der Bestrebungen nach Rechtseinheit. 1. Bischof Agobard von Lyon schlägt 817 Ludwig dem Frommen eine Schaffung von Reichsrecht vor. — 2. Ludwig XI. plante ein französisches Gesetzbuch. — Kanzler Michael Lhospital: nous voulons une foy, une loy, un roy. — Franz Hotmann in seinem „Antitribonian“ (Paris 1617) verwirft nicht das römische Recht als solches, sondern wendet sich nur gegen den (durch Tribonians angebliche Unfähigkeit verschuldeten) mangelhaften Zustand der römischen Quellen. — 3. Hermann Conring, Arzt und Professor in Helmstädt, fragt in seinem Buche „de origine iuris germanici“ 1643 nach dem Grunde der Rezeption des römischen Rechtes, weist als erster auf die alten deutschen Quellen hin und verlangt ein neues Gesetzbuch. — 4. A. F. Justus Thibaut: „Ueber die Notwendigkeit eines allgemeinen bürgerlichen Gesetzbuches“ (Heidelberg 1814) verlangte ein sicheres, einfaches Gesetzbuch und ein gleiches Recht. Gegen ihn trat Friedrich Karl v. Savigny auf: „Ueber den Beruf unserer Zeit für Rechtswissenschaft und Gesetzgebung“; er erklärte seine Zeit nicht für reif hierzu und sah in einer Kodifizierung nur eine Aufbewahrung der Irrtümer der Zeit. — 5. Die Reichsverfassung vom 28. März 1849 will zur Schaffung der Rechtseinheit Gesetzbücher für Deutschland erlassen wissen. — 6. Der Bundestag des Deutschen Bundes beschliesst 1862 ein allgemeines deutsches Recht ausarbeiten zu lassen. — a) Kommission in Dresden beendet den Entwurf eines Obligationenrechtes am 13. 6. 1866. — b) Preussen hatte sich schon zuvor dagegen erklärt, da es weitergehende Pläne verfolgte; am 14. 6. 1866 Kriegserklärung. — c) Der Dresdener Entwurf (zu a) ist von Bedeutung für das B, da er wegen Erkrankung des Redaktors zur Grundlage des II. Buches des B genommen wurde. — 7. Das Reichgesetz vom 20. 12. 1873 ändert R 4, Nr. 13 ab: „das gesamte bürgerliche Recht“.

Der Werdegang des B.

1. Vorkommission von 5 Mitgliedern (darunter der Handelsrechtslehrer Goldschmidt) erstattete am 15. April 1874 dem Bundesrate ein Gutachten: Schaffung eines einheitlichen Gesetzbuches aus Verbindung von römischem und deutschem Rechte.

2. Der erste Entwurf. — a) Eine Kommission zur Ausarbeitung des Entwurfes (erster Lesung) trat am 17. September 1874 zusammen; 11 Mitglieder, darunter Windscheid, Roth; Vorsitzender Pape. Für die 5 Teilentwürfe wurden Teilredaktoren gewählt: Gebhard, v. Kübel, Johow, Planck, v. Schmitt. — b) Zunächst Ausarbeitung durch jeden Redaktor für sich, unter Beifügung von Motiven. Sodann seit dem 1. Oktober 1881 gemeinsame, aber ebenfalls streng geheime Beratungen bis 27. Dezember 1887. — c) Durch Bundesratsbeschluß vom 31. Januar 1888 wird Entwurf mit 5 Bänden Motiven veröffentlicht. — d) Aufnahme des Entwurfes nicht sehr freundlich: α) Germanisten (Gierke) bezeichnen ihn als undeutsch. β) Praktiker nennen ihn stubengelehrt; Bähr nennt ihn den „kleinen Windscheid“ und schreibt einen ganzen Gegenentwurf. — γ) Nichtjuristen, insbesondere die Nationalökonomen (Anton Menger), bezeichnen ihn als nicht populär und nicht sozial. — δ) Regierungen (Preußen, Bismarck) machen erhebliche Ausstellungen. Reichsjustizamt gibt eine „Zusammenstellung der gutachtlichen Aeußerungen“ 1890, 1891 in 6 Bänden heraus. — ε) Sohm: es sollte ein Recht des deutschen Bürgerstandes werden.

3. Der zweite Entwurf. — a) Nochmalige Beratung auf der Grundlage des ersten Entwurfes, aber in vollster Oeffentlichkeit. b) Zweite Kommission bestand aus 10 ständigen und 13 nichtständigen Mitgliedern; letztere gehörten der Landwirtschaft, Kaufmannschaft, Industrie an. — c) Vorsitzender war der jedesmalige Staatssekretär des Reichsjustizamtes (Oehlschläger, Bosse, Hanauer, Künzel, Nieberding). — d) Unter den Mitgliedern: Planck (als Generalreferent), Gebhard, Rüger. — e) Zweiter Entwurf fügt ein 6. Buch (internationales Privatrecht) bei; Berücksichtigung des deutschen Rechtes beim Besitze, Güter- und Erbrechte. — f) Ende Oktober 1895 Vorlegung des Entwurfes mit Protokollen beim Bundesrate.

4. Bundesratsvorlage. a) Bundesrat nimmt 59 Aenderungen vor. b) Bundesrat streicht das 6. Buch und fügt das internationale Privatrecht in das Einf-B ein, um für politische Zwecke dem Auslande gegenüber Kompensationen zu haben.

5. Beratung im Reichstage. a) Kommissionsberatung des Entwurfes, der am 17. Januar 1896 nebst Denkschrift vorgelegt wird, unter Vorsitz von Spahn. — b) Aenderungen des Reichstages: Streichung des Hasenparagraphen, Einfügung des Kaiserparagraphen, der lex Stumm, des Trockenwohnerparagraphen. — c) Zweite Lesung im Reichstage vom 19. bis 27. Juni 1896. — d) Dritte Lesung: 30. Juni 1896 und 1. Juli 1896. Abstimmung: 222 dafür, 48 dagegen, 18 der Abstimmung enthalten.

6. Annahme im Bundesrate am 9. Juli 1896 und Ausfertigung durch den Kaiser am 18. August 1896 (Datum des Gesetzes). Publikation in Nr. 21 des Reichsgesetzblattes vom 24. August 1896.

System des B.

1. Einteilung des B.

a) Das B zerfällt in fünf Bücher: 1. allgemeiner Teil, B 1—240; 2. Recht der Schuldverhältnisse, B 241—853; 3. Sachenrecht, B 854—1296; 4. Familienrecht, B 1297—1921; 5. Erbrecht, B 1922—2385.

b) Allgemeiner Teil ist den 4 anderen Büchern übergeordnet; er enthält die allgemeinen Rechtsregeln, die aus den vielen Verhältnissen des Lebens und des Rechtes gewonnen sind, und die als allgemeine hingestellt werden, weil sie in vielen, sonst noch so verschiedenen Fällen anwendbar sind.

c) Ordnung der Teile des B weicht von der bisherigen Einteilung ab; im gemeinen Rechte ist seit Hugo das Sachenrecht an zweiter Stelle, das Obligationenrecht an dritter Stelle. Im B ist es umgekehrt, weil das Recht der Schuldverhältnisse das Werden und Vergehen der Rechte behandelt, dagegen das Sachenrecht die gewordenen Rechte darstellt.

2. Einteilung des Einf-B.

a) Vier Abschnitte:

1. Allgemeine Vorschriften, Einf-B 1—31;
2. Verhältnis des B zu den Reichsgesetzen, Einf-B 32—54;
3. Verhältnis des B zu den Landesgesetzen, Einf-B 55—152;
4. Uebergangsvorschriften, Einf-B 153—218.

b) Das Einf-B ist mit dem B gleichzeitig am 1. Januar 1900 (irrtümlich als Jahrhundertanfang angesehen) in Kraft getreten; in Einf-B 1 fehlt aber ein entsprechender Vermerk.

c) Einf-B 32: „Die Vorschriften der Reichsgesetze bleiben in Kraft. Sie treten jedoch insoweit ausser Kraft, als sich aus dem B oder aus diesem Gesetze die Aufhebung ergibt.“ Für das Verhältnis von Reichsrecht zu Reichsrecht gilt also nicht: lex posterior derogat priori.

d) Einf-B 55: „Die privatrechtlichen Vorschriften der Landesgesetze treten ausser Kraft, soweit nicht in dem B oder in diesem Gesetze ein anderes bestimmt ist.“

α) Kodifikationsprinzip des B.

β) Vorbehalte besonders für Privatfürstenrecht, Lehen, Rentengüter, Anerbenrecht, Wasserrecht, Deichrecht, Bergrecht, Jagd- und Fischereirecht, Regalien, Versicherungsrecht, Gesinderecht, Kirchen- und Schulbaulast.

γ) Bedeutung des Vorbehaltes: Einf-B 3.

δ) Bedeutung der Verweisung: Einf-B 4.

e) Landesausführungsgesetze (im ganzen 28) sind von den 26 Einzelstaaten (für Oldenburg 3 Gesetze) in den vorbehaltenen Materien erlassen worden.

Materialien des B sind für die Auslegung zwar nicht entscheidend, aber von sehr grosser Bedeutung; daher kann eine wissenschaftliche Arbeit ohne sie nicht ausreichen.

1. Zum ersten Entwurfe.

a) Metallographierte Protokolle, nicht veröffentlicht;

b) Motive, amtlich veröffentlicht, enthalten eine Wiedergabe des wesentlichen Inhaltes der Protokolle.

2. Zum zweiten Entwurfe.

a) Metallographierte Protokolle, nicht veröffentlicht.

b) Protokolle in 7 Bänden, eine Bearbeitung der zu a genannten.

3. Denkschrift zur Reichstagsvorlage; Verhandlungen des Reichstages.

II. Handelsgesetzbuch vom 10. Mai 1897.

Antrag Württembergs 1836 auf Schaffung eines gemeinsamen Handelsrechtes; — wiederholter Antrag 1854; neuer Antrag Bayerns 1856 beim Deutschen Bunde, eine Kommission hierfür einzusetzen.

Tagung der Kommission in Nürnberg 1857 ff., für Seerecht in Hamburg

Allgemeines deutsches Handelsgesetzbuch vom Bunde durch Beschluss vom 8. Mai 1861 den Einzelstaaten zur Einführung mitgeteilt.

Norddeutsches Bundesgesetz vom 5. Juni 1869 macht es zum Bundesgesetze, Einf-B 2 zum Reichsgesetze.

III. Wechselordnung vom 30. Mai 1908, in der Fassung der Bekanntmachung vom 3. Juni 1908.

Konferenz in Leipzig 1847 zur Beratung einer Wechselordnung; dieser Entwurf ist von der Nationalversammlung am 24. November 1848 als Reichsgesetz angenommen und publiziert worden.

Beschluss der Bundesversammlung 1857 auf Einberufung einer Kommission nach Nürnberg: Nürnberger Novellen.

Durch Bundesgesetz vom 5. Juni 1869 ist die Allgemeine Wechselordnung Bundesgesetz, durch Einf-R 2 Reichsgesetz geworden.

W 80 ist durch Einf-H 8 aufgehoben.

Seit der Protestnovelle vom 30. Mai 1908 heisst das Gesetz lediglich Wechselordnung.

IV. Strafgesetzbuch für den Norddeutschen Bund vom 31. Mai 1870, für das Deutsche Reich vom 15. Mai 1871.

V. Reichsjustizgesetze: Gerichtsverfassungsgesetz vom 27. Januar 1877; — Zivilprozeßordnung vom 30. Januar 1877 (neu bekanntgemacht am 20. Mai 1898); — Reichsgesetz über die Zwangsversteigerung und die Zwangsverwaltung vom 24. März 1897; — Strafprozeßordnung vom 1. Februar 1877.

Die Reichsjustizgesetze von 1877 traten sämtlich am 1. Oktober 1879 in Kraft.

---

2. Abteilung.

Das Privatrecht bis zur Rezeption.

§ 31. Das Personenrecht.

I. Freigeborenes Kind erst mit der Namengebung rechtsfähig; für lebendige Geburt Ohrenzeugnis, weil nur Männer Zeugnis ablegen sollten, aber bei der Geburt nicht dabei sein durften. Später auch Zeugnis von Frauen.

Altersstufen des Deutschen Rechts.

1. Nach den Volksrechten beginnt die Mündigkeit mit vollendetem 12. (lex Salica) oder 15. (lex Ribuaria) Lebensjahre.

2. Nach Ssp werden unterschieden:

a) binnen seinen Jahren: bis 12;

b) binnen seinen Tagen: bis 21;

c) zu seinen Tagen gekommen: über 21;

d) über seinen Tagen: über 60.

II. Knechtschaft entsteht aus Kriegsgefangenschaft, Abstammung von unfreien Eltern, Heirat mit Unfreien, Aufenthalt in unfreier Luft. Stadtluft macht frei, d. h. Aufenthalt binnen Jahr und Tag.

III. Fremde gelten als rechtlos; später wird der Fremdenschutz ein nutzbares Regal.

Authentica Omnes peregrini Friedrichs II. 1220 bestimmt im Gegensatze zu dem bisherigen ius albinagii (Recht des Landesherrn auf den Nachlass eines im Inlande ohne inländische Erben verstorbenen Ausländers), dass der Bischof den Nachlass des testamentslos verstorbenen Fremden den Erben übergeben solle oder zu frommen Zwecken verwende. Dennoch wird eine gabella hereditaria und gabella emigrationis durch die Landesherren genommen.

Wildfangsrecht: Fremde ohne „nachfolgenden" Herrn werden nach einem Jahre Leibeigene (Wildfänge).

Das Reich ist der Christenheit; daher zunächst Zurücksetzung aller, die nicht rechtgläubige Katholiken sind. Seit 1648 werden diejenigen zurückgesetzt, die nicht Katholiken oder Evangelische sind. — Die Juden gelten anfangs als Volksfremde, dann als Ungläubige und stehen daher unter Ausnahmerecht.

1. Judenschutz: Aufnahme einzelner Juden in den Königschutz gegen Abgabenzahlung; seit dem 12. sc. hieraus ein nutzbares Regal und Hörigkeit der Juden (servi camerae nostrae, Kammerknechte); dieses Regal wurde in der BA 1356 den Kurfürsten verliehen.

2. Judengemeinden (universitates Judaeorum) mit besonderen Rechten und Pflichten; in den Territorien werden unterschieden:

α) vergeleitete oder Schutzjuden, Judaei recepti, mit Schutzbriefen und Niederlassungsrecht;

β) unvergeleitete Juden, die nur geduldet sind.

Judenprivilegien:

a) lästige: Ausschluss von allen politischen Rechten in Staat uud Gemeinde, Nichtaufnahme in Zünfte, Gilden, gewisse Korporationen, daher auch Ausschluss von einzelnen Gewerben (mit Zunftzwang); Verträge mit Wuchergefahr zwischen Juden und Christen gelten nur mit obrigkeitlicher Genehmigung; Judenforderung gegen Christen darf an Christen wegen cessio ad potentiorem nicht abgetreten werden; Christen können nur in deutschen Schuldurkunden jüdischen Gläubigern sich verpflichten; ein Christ kann durch Judenzeugnis allein nicht überführt werden; Judenfrauen haben wegen nov. 109 die Dotalprivilegien nicht, da sie irrtümlich für Ketzer gehalten werden.

b) günstige: Wucherprivileg (Juden können nach Reichspolizeiordnung von 1577 bis 5% Zinsen bei Darlehn nehmen, trotz des kanonischen Zinsverbotes); Judenprivileg (gutgläubig gekaufte oder als Pfand genommene Mobilien sind, auch wenn sie gestohlen, geraubt oder verloren sind, von den Juden an den Berechtigten nur gegen Ersatz ihrer Zahlung herauszugeben), beseitigt durch Reichspolizeiordnung 1577; — heute noch ähnliches Privileg der öffentlichen Leihhäuser (Einf-B 94, Absatz 2).

3. Deutsche Bundesakte 1815 gibt den Juden die Rechte, die ihnen von (nicht „in") den deutschen Staaten eingeräumt sind.

4. Bundesgesetz vom 3. Juli 1869 gewährt Gleichberechtigung.

IV. Strandrecht: Vermögen und Person der Schiffbrüchigen verfällt dem Landesherrn; durch Authentica Navigia Friedrichs II. und durch Wilhelm von Holland Strandrecht nur für herrenlose Gegenstände, für die übrigen Sachen lediglich Bergelohn.

V. Vollständiger Verlust der Rechtsfähigkeit durch Verhängung der Friedlosigkeit, Oberacht; die Erben können allerdings seine Liegenschaften erlangen, wenn sie ihm nichts zu geben versprechen. — Rechtlosigkeit: in zwei Formen, als Unechtheit und als Ehrlosigkeit.

Unechtheit durch Geburt und entehrendes Gewerbe: Uneheliche, Spielleute, Kämpen und deren Kinder. – Ehrlosigkeit bei Verurteilung zu einer ehrenkränkenden Strafe, in einzelnen Fällen sogar durch die unehrliche Missetat selbst. Aus Unechtheit später Anrüchigkeit entstanden.

VI. Hoher Adel, aus dem Herrenstande (derjenigen, welche in den Territorien Landeshoheit hatten) entstanden.

Hochadelig sind: 1. Die landesherrlichen Familien, einschliesslich der nach 1806 Depossedierten; — 2. standesherrliche Familien, nämlich: a) die mediatisierten (bis 1806 reichsfrei und reichsständisch); b) die subjizierten (welche vor 1806 die Reichsfreiheit verloren, Standschaft behielten und durch Observanz als hochadlig gelten); — dagegen sind die Reichsritter (siehe w. o. Seite 10) nicht hochadlig.

1. Die Familie des hohen Adels hat Autonomie und ist juristische Person. Jede hochadelige Person ist ebenbürtig mit Angehörigen des hohen Adels.

2. Mißheirat: der Mann heiratet eine nicht standesgleiche Frau; für Ehe einer höherstehenden Frau mit einem Ungenossen gilt: das Kind folgt der ärgeren Hand. Werden Wirkungen der Mißheirat vertraglich festgestellt, dann morganatische Ehe, Ehe zur linken Hand

VII. Juristische Person. Zu unterscheiden ist Verbandspersönlichkeit (juristische Person) von der personenrechtlichen Gemeinschaft.

1. Verbandspersönlichkeit (Gierke) ist die einem menschlichen Verbande als einem (von der Summe der Teile verschiedenen) einheitlichen Ganzen zukommende Rechtssubjektivität.

a) Theorie nach der Rezeption des römischen Rechtes (insbesondere noch vertreten von Laband): die deutschrechtlichen Bildungen können trotz ihrer vielen Verschiedenheiten unter die beiden römischen Kategorien (universitas, Korporation; societas, Gesellschaft) aufgenommen werden.

b) Aeltere Genossenschaftstheorie (Beseler): die deutschrechtliche Genossenschaft sei ein Zwischengebilde, bald mit, bald ohne Persönlichkeit zwischen universitas und communio; andere Bezeichnung: relative juristische Person (Gareis, Dahn).

c) Neuere Genossenschaftstheorie:

α) Gierke: vermöge des genossenschaftlichen Prinzipes bestehe eine innere Verbindung von Einheits- und Vielheitsrechten, so dass dieselbe Sache Korporationsgut und zugleich Sondergut der Genossen sei.

β) Heusler: die Genossenschaft sei das alleinige Rechtssubjekt des Gemeingutes und der Gemeinrechte und -verbindlichkeiten; die Rechte und Pflichten der Genossen seien entweder gegen die Korporation gerichtet oder neben ihr bestehend.

γ) Sohm: die Genossenschaft sei zwar vermögensunfähig, wohl aber ein verwaltungsfähiges Subjekt; die Genossen seien Miteigentümer des Korporationsvermögens.

2. Arten der Korporationen: a) Gemeinden sind öffentlich-rechtliche Korporationen; Entstehung aus der Markgenossenschaft (Vereinigung der auf einer Mark Angesiedelten zwecks Bewirtschaftung der Mark); siehe Band 26 9. Ursprünglich genossenschaftliches Eigentum an der Mark; später hieraus Sondernutzung; endlich hieraus Sondereigen; diese Entwickelung ist verschieden bei der Hofstätte, Feldflur, Allmende. Siehe Band 22 27. — b) Innungen, Zünfte, Gilden: korporative Personenvereinigungen auf Grund des Betriebes des gleichen Gewerbes oder Handwerkes; siehe Band 26 26.

Die Gierkesche Genossenschaftstheorie insbesondere:

a) Abgrenzung nach Sozialrecht und Individualrecht:

α) Genossenschaften sind Gemeinschaften des Sozialrechtes; sie zeichnen sich durch Gesamtpersönlichkeit (neues und selbständiges Rechtssubjekt) aus; das Prinzip der Verbindung von Einheits- und Vielheitsrechten bedeutet, dass das Genossenschaftsvermögen der Genossenschaft selbst gehört.

Beispiele von Genossenschaften:

aa) römisch: universitas, Korporation;

bb) nach B: rechtsfähiger Verein, neuere Gewerkschaft;

cc) nach H: Aktiengesellschaft, Gesellschaft mit beschränkter Haftung, Erwerbs- und Wirtschaftsgenossenschaft (Band 6 17, 21, 22);

β) Gesellschaften sind Gemeinschaften des Individualrechtes; ihnen fehlt die Rechtssubjektivität; sie werden von dem Prinzipe der gesamten Hand (manus composita) beherrscht. Nach diesem Gesamthandsprinzipe gehört das Vermögen zwar den einzelnen Gesellschaftern oder Teilnehmern, aber ihr Wille, über dieses Vermögen zu verfügen, ist bald stärker, bald schwächer gebunden. Häufig sind Verfügungen über das Vermögen im ganzen oder zu Quoten dem einzelnen entzogen und nur dem Gesamtwillen vorbehalten.

Beispiele des Gesamthandsprinzipes: nach B der nichtrechtsfähige Verein, die Gesellschaft. die Gütergemeinschaft, die Erbengemeinschaft; ferner die ältere Gewerkschaft; — nach H: die OHG, die KG.

b) Einteilung der personenrechtlichen Gemeinschaften:

α) Gemeinschaften zur gesamten Hand;

β) Gemeinschaften kraft Herrschaftsrechtes.

§ 32. Das Schuldrecht. I. Unterschiede von Schuld und Haftung: Schuld ist Leistensollen; Haftung ist Einstehen für eine Schuld.

1. Entstehungsgründe der Schuld: Schuldvertrag und Missetat.

Schuldvertrag in Form der wadiato oder Wette, wobei ein Stab oder Halm hingegeben wurde, oder in Form des Gelobens mit Hand und Mund oder mit Fingern und Zungen. Statt Darreichung des Halmes später Uebergabe der cautio. — Nach vergeblicher Mahnung in der Wohnung des Schuldners kann Eintreibung der Schuld erfolgen. Die Schulden sind Holschulden, nur Geldschulden sind Bringschulden.

2. Haftung ist z. B. die Bürgschaft; dann insbesondere von Rechtswegen für Schulden aus Missetaten. Zahlt der Schuldner eine Bußschuld nicht, dann kann der Gläubiger ihn töten, verstümmeln oder in Schuldknechtschaft halten. Diese Strenge wird später gemildert; in den Städten wird statt der Privathaft eine öffentliche Schuldhaft eingerichtet.

Freiwillig übernommene Haftung des Schuldners verschiedenartig, z. B. Einlager, d. i. Schuldner beschränkt freiwillig seine Freiheit, indem er mit Begleitung in eine Herberge einreitet und dort bis zur Befriedigung des Gläubigers bleibt.

II. Beim Kauf gilt: Augen für Geld. — Revokationsrechte, Losungen.

§ 33. Sachenrecht. I. Gewere: Tatsache des Nutzungsbesitzes (Laband, Heusler, Brunner) oder durch Klage geschütztes Besitzrecht (Albrecht).

1. Gewere an Liegenschaften hat, wer die Nutzung unmittelbar oder mittelbar zieht. Gewere an beweglichen Sachen, wer sie im Gewahrsam hat.

2. Gewere gibt Befugnis zur Selbsthilfe und eine Vermutung des Rechtes. Klage um Liegenschaft ist Klage wegen rechtswidriger Entziehung oder Vorenthaltung der Gewere, Klage um Fahrnis ist Klage

wegen unfreiwilligen Verlustes der Gewere. Besitzprozeß jedoch erst sehr spät, Anfänge desselben im 13 sc.

3. Rechte Gewere: erworben durch Besitz binnen Jahr und Tag seit gerichtlicher Auflassung, ohne daß Widerspruch erfolgt; entstanden in fränkischer Zeit, missio in bannum regis ist vorbildlich gewesen.

II. Eigentum. 1. Zum derivativen Erwerbe des egindum (Eigenschaft) einer Liegenschaft ist zweierlei nötig: sala oder Veräußerung und investitura Uebergabe. — Später Beurkundung, sodann öffentliche Bücher.

4. Eigentum an Fahrnis: erworben durch Vertrag und Uebergabe. Auch durch Besitzergreifung und Aneignungsrecht.

Für Früchte gilt: wer säet, der mähet.

Im Falle des Verlustes der Sache ist zu unterscheiden, ob mit oder ohne Willen verloren.

III. Leihe zu Lehnrecht, Dienstrecht, Hofrecht, landrechtlich und strafrechtlich.

IV. Reallasten: wiederkehrende Leistungen, für welche die Sache haftet.

V. Pfand: gesetztes und genommenes. Beim gesetzten Pfande haftet nur die Sache, beim genommenen Pfande auch der Schuldner. — Pfandrecht durchaus verschieden, je nachdem an Liegenschaften oder an Fahrnis.

1. Im fränkischen Rechte kommt Pfand an Liegenschaften als Eigentumspfand und Nutzungspfand vor; Nutzungspfand (ältere Satzung) gibt dem Gläubiger Besitz und Nutzung bis zur Tilgung der Schuld, Schuldner bleibt Eigentümer. — Später, besonders in den Städten, Verpfändung zu Exekutionsrecht oder jüngere Satzung, hierbei Gläubiger weder Besitz noch Nützung, aber beim Verzuge des Schuldners gilt dieser als zur Zahlung verurteilt und das Grundstück als verfrohnt. Hieraus Hypothekenrecht.

2. An Fahrnis nur Faustpfand.

§ 34. Das Familien- und Erbrecht. I. Oberhaupt der Familie ist der Hausvater (Inhaber der Munt).

1. Verlobung durch wadiatio oder arra.
2. Ehe durch Brautraub, dann Brautkauf (Abkaufen der Munt).
3. Güterrecht:

a) Verwaltungsgemeinschaft nach den Volksrechten und Ssp.

b) Allgemeine Gütergemeinschaft: als societas, als Alleineigentum des Mannes (Duncker), als juristische Person (Hasse), als deutschrechtliche Genossenschaft (Beseler), als Gesamthand (Stobbe, Brunner, Gierke).

c) Partikuläre Gütergemeinschaft (der Errungenschaft, — der Fahrnis.)

4. Schwertmagen — Spindelmagen.
5. Wahlkindschaft.
6. Vormundschaft der Sippe (Gesamtmund).

II. Erbrecht: die Erben werden geboren, nicht gekoren; letztwillige Verfügungen sind unbekannt. Beim Tode erhält der Tote seinen Totenteil (Tiere, Waffen, Kleider) zur Bestattung; hieraus nach Annahme des Christentums das Seelgeräte.

1. Kein Erbschaftsantritt: „der Tote erbt den Lebendigen"; Auseinandersetzung erst nach dem 30. Tage nach dem Tode. Für Erbteilung gilt: der Aeltere teilt, der Jüngere wählt. — Parentelenordnung.

2. Noch bei Lebzeiten des Erblassers haben die Erben ein Wartrecht.

a) Aelteres Wartrecht: Freiteilsrechte, Erblasser darf nur teilweise über sein Vermögen verfügen; wartberechtigt sind Söhne, oft auch die Erbtochter, d. i. eine solche, neben der kein Sohn vorhanden ist. (Gegensatz: Regredienterbin.)

b) Jüngeres Wartrecht: formelles Beispruchsrecht, nur in bezug auf Grundbesitz, Veräusserung nur mit Zustimmung der nächsten Erben statthaft. Hingegen Verfügung über Fahrnis nur dann unwirksam, wenn Erblasser im Siechtume; Ssp Ldr I 52, 2; hier werden Kraftproben verlangt, dagegen (im ganzen gegen 14 Artikel des Ssp) erklärt sich Gregor XI 1374 auf Veranlassung des Augustinermönches Johannes Klenkok in Magdeburg, articuli reprobati.

c) Erblasser in Fällen echter Not durch Wartrecht nicht beschränkt, wenn seine Erben von dem Angebote des Vorkaufes nicht Gebrauch machen wollen.

3. Deutsches (sächsisches) und Langobardisches Lehnrecht.

FSC
www.fsc.org
MIX
Papier | Fördert
gute Waldnutzung
FSC® C083411

Kolibri 360 GmbH
Ferdinand-Jühlke-Straße 7
99095 Erfurt, Deutschland
produktsicherheit@kolibri360.de